«Dicen de sí mismos:
Nosotros, pobres de Cristo,
errantes, huyendo de ciudad en ciudad
(Mt 10, 23), como las ovejas en medio
de lobos (Mt 10, 16), sufrimos la
persecución con los apóstoles y los
mártires; sin embargo, llevamos una vida
muy santa y muy estricta en ayunos
y abstinencias, dedicando noche y día
a rezar y a trabajar, sin pretender obtener
de este trabajo más de lo necesario para
vivir. Soportamos todo esto porque no
somos del mundo; pero vos, que amáis
el mundo, estáis en paz con el mundo
porque sois del mundo (Jn 15, 19).
Para distinguirnos los unos de los otros,
Cristo ha dicho: Por sus frutos los
conoceréis (Mt 7, 16). Nuestros frutos
son las huellas de Cristo.»

Carta de Evervin de Steinfeld
a Bernardo de Claraval, 1143

MORS

IQUI SAL LI
DUS IS QUI SEDE
BAT SUPER EUM
NOMEN ILLI MORS
ET INFERNUS
SEQUEBATUR EUM

TERCIU
ANIMAL

IOHANNIS

UNUM DE ANIMA
LIB; DICIT IOHANNI
UENI ET UIDE

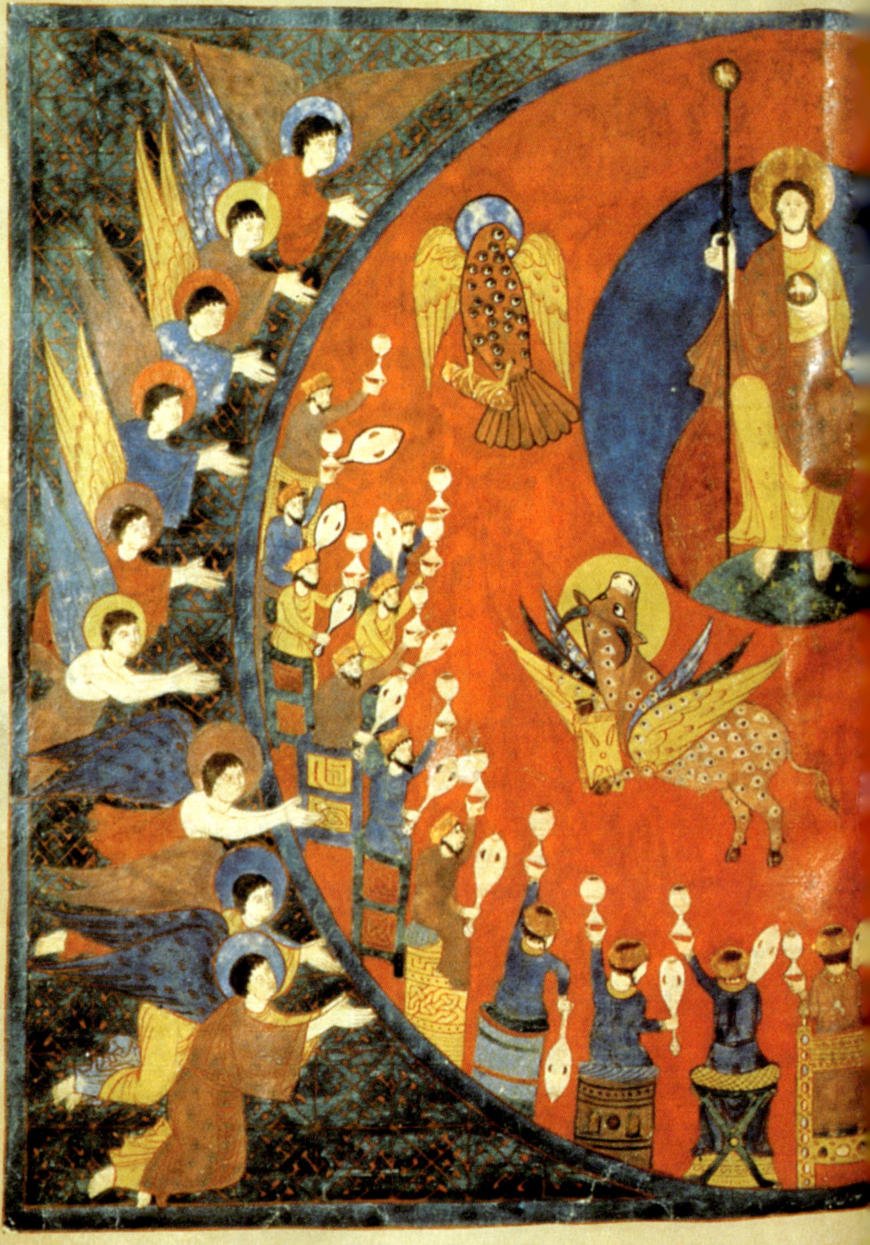

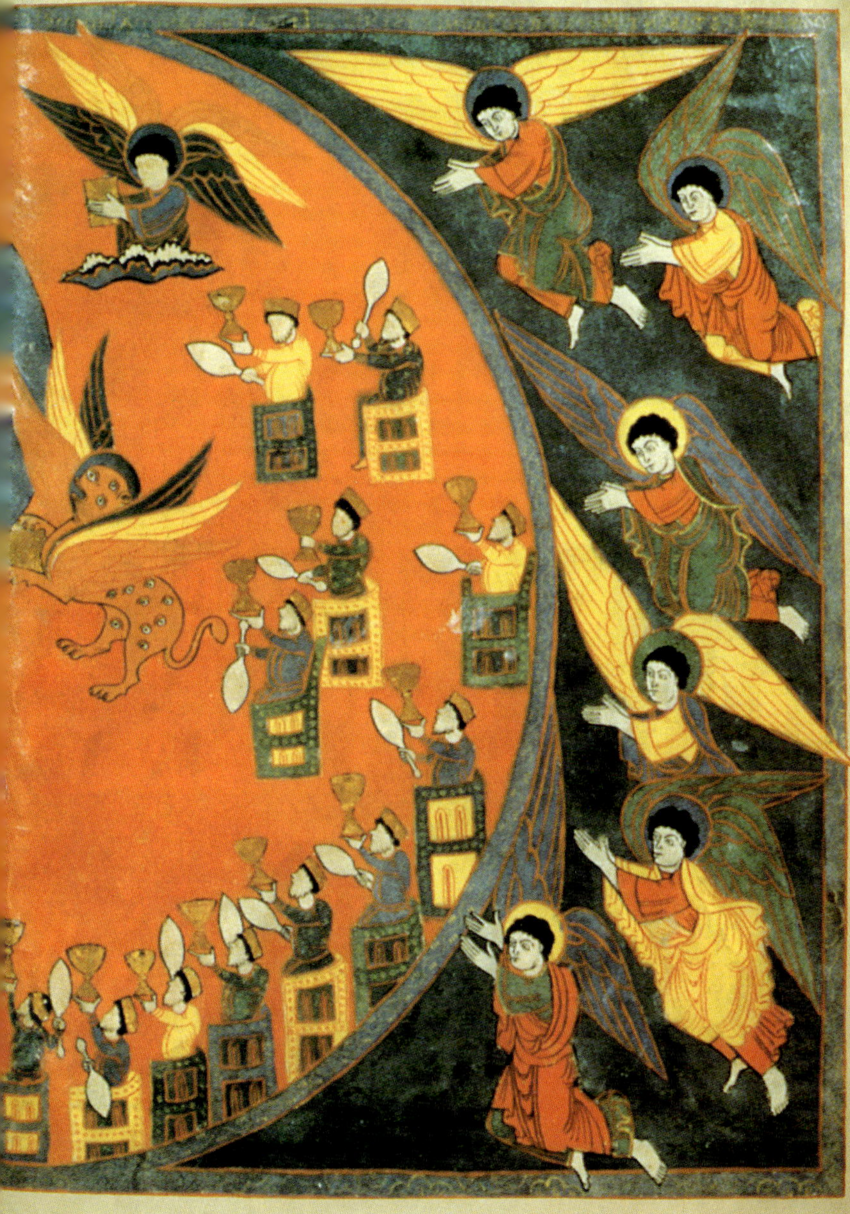

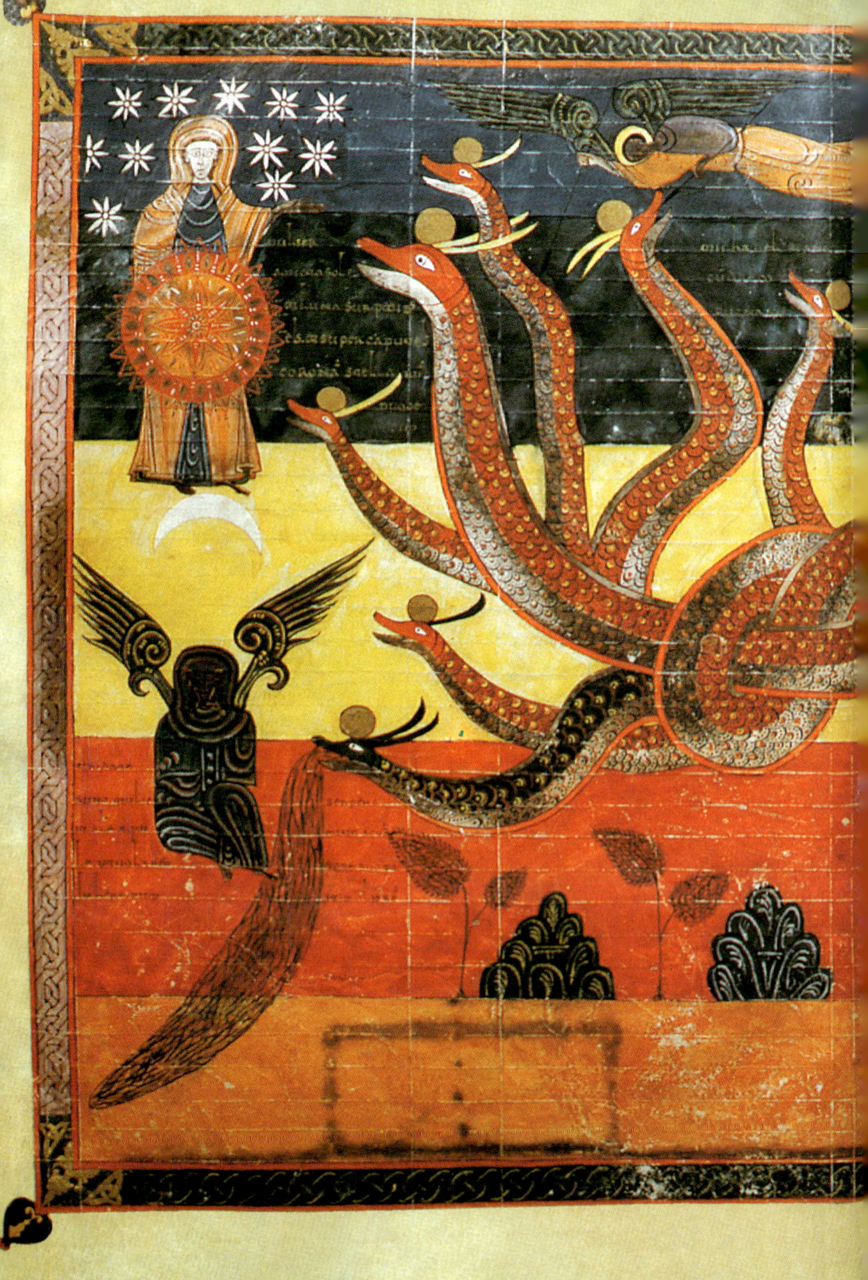

draco traeit
tertiam partem
stellarum

Título original: *Les Cathares. Pauvres du Christ ou Apôtres de Satan?*
Traducción: Carmen Francí

Dirección: Pierre Marchand y Elisabeth de Farcy
Dirección de la redacción: Paule du Bouchet
Edición: Isabelle de Couliboeuf

1.ª edición: marzo, 1998

© 1997, Gallimard
© 1998, Ediciones B, S. A., en español para todo el mundo
Bailén, 84 - 08009 Barcelona (España)

Ésta es una coedición de Ediciones B, S. A.,
y Ediciones B Argentina, S. A., con Gallimard

Impreso en Italia - Printed in Italy
Impreso por Libraria Editoriale, Trieste, Italia
ISBN: 84-406-8170-4

Reservados todos los derechos. Queda rigurosamente prohibida,
sin autorización escrita de los titulares del *copyright*, la reproducción
total o parcial de esta obra por cualquier medio o procedimiento,
comprendidos la reprografía y el tratamiento informático, así como
la distribución de ejemplares mediante alquiler o préstamo públicos.

LOS CÁTAROS
HACIA UNA PUREZA ABSOLUTA

Anne Brenon

Barcelona • Bogotá • Buenos Aires • Caracas • Madrid • México D. F.
Montevideo • Quito • Santiago de Chile

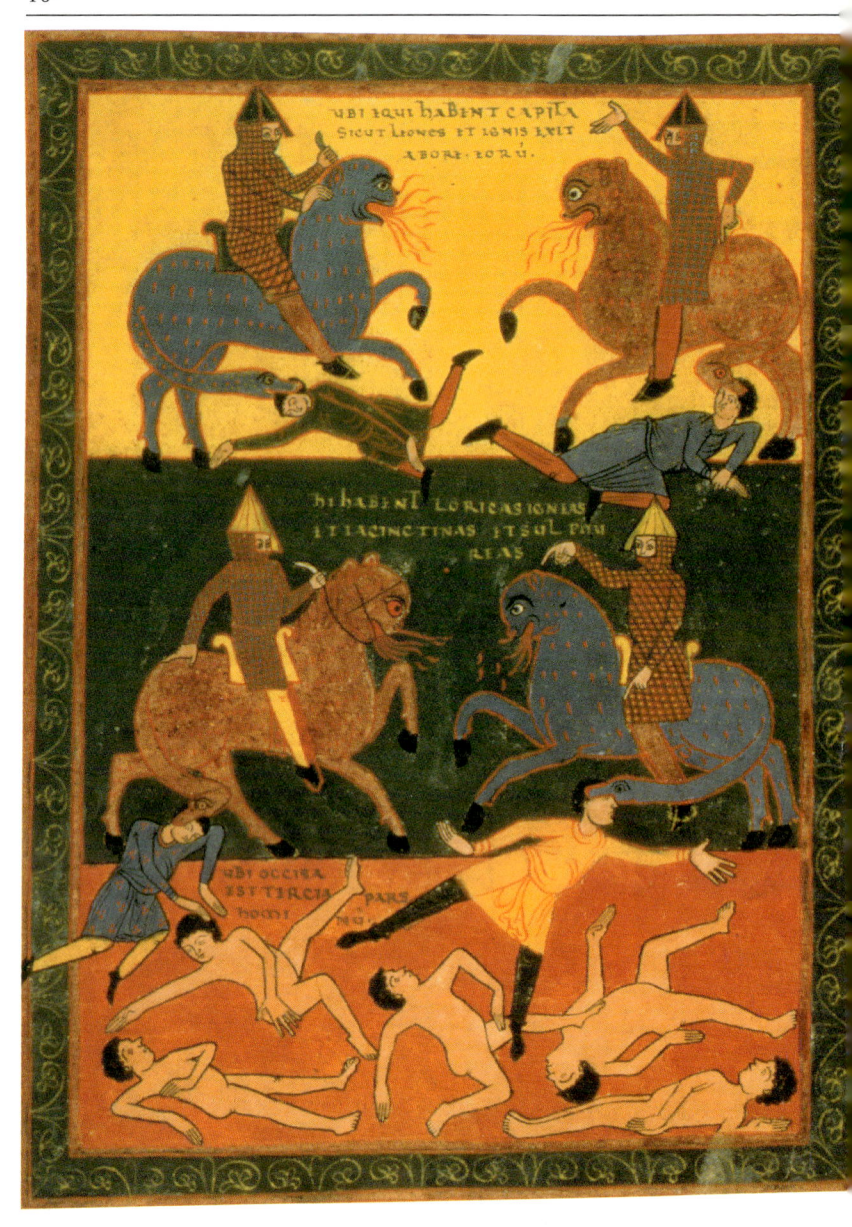

UBI EQUI HABENT CAPITA
SICUT LEONES ET IGNIS EXIT
AB ORE EORUM.

HI HABENT LORICAS IGNEAS
ET IACINTINAS ET SULPURI
REAS

UBI OCCISA
EST TERCIA PARS
HOMINU

De dónde proceden las doctrinas cátaras? Probablemente de un lugar más cercano de lo que se creía: ni de Persia ni de antiguas religiones mistéricas, sino del corazón mismo de la cristiandad románica. En el año mil se alza un gran viento apocalíptico que trae consigo los ideales del Evangelio mientras los monjes teorizan sobre Dios y el diablo.

CAPÍTULO PRIMERO
LA CRISTIANDAD DEL AÑO MIL

El pueblo cristiano del año mil vive en plena ascensión de la violencia feudal, en las exacciones de las áreas de dominio de los caballeros que la Iglesia todavía no ha convertido en caballeros cristianos. A la derecha, actualización de las profecías del Apocalipsis y posible imagen del diablo.

EL RETORNO DEL HEREJE

En el año mil se abren los libros. Los escribas, eclesiásticos y cronistas de las abadías recuperan el término y la figura olvidada del hereje y la incluyen en el cortejo escrito de los males y los signos precursores del final de los tiempos. De esta manera, el hereje, brujo y agente del mal, debe inscribirse entre los terrores, tal vez ilusorios, del año mil. Sin embargo, la denuncia del hereje había desaparecido de los usos del Occidente cristianizado desde la Antigüedad tardía. El catolicismo, convertido en religión del Imperio romano por decisión del emperador, había terminado de definirse codificando y excluyendo. En los concilios de Nicea (325) y de Constantinopla (381), se habían elaborado y proclamado los dogmas de una ortodoxia

■ *El emperador Constantino, convertido al cristianismo, tomó la iniciativa de convocar el concilio de Nicea en el año 325 con el fin de definir y codificar lo que debía ser la religión única y oficial del emperador y del imperio, y excluir toda tendencia divergente. A la izquierda, miniatura del canon de los concilios del siglo XI.*

La teoría de las dos espadas —los dos poderes: el temporal, confiado al emperador, y el espiritual, detentado por el Papa— se encuentra en la base de la verdadera teocracia cristiana que culminó en la Edad Media, hasta su avatar moderno de «la alianza del sable y el hisopo». A la izquierda, representación del tema en un manuscrito del siglo XIII del Decretum *de Graciano, base del derecho medieval.*

contra todas las demás tendencias de interpretación de las Escrituras cristianas. A partir de aquel momento, los Padres de la Iglesia actuaron contra los grandes heresiarcas —Marción, Mani (también Manes y Maniqueo) y Arrio— y las instituciones imperiales dotaron a la Iglesia del poder material de prohibir y excluir.

El último personaje religioso ejecutado por herejía había sido Prisciliano, el ascético obispo de Ávila condenado y decapitado en el año 384. Más tarde, en Occidente, el orden carolingio había dedicado su militancia cristiana a forzar la conversión de los paganos tras las conquistas de Carlomagno. En el territorio del Imperio franco, los obispos, como los condes, eran agentes de este poder simultáneamente político y religioso, primer intento de una teocracia cristiana, inspirada en el modelo de los Reyes del Antiguo Testamento. Raramente, cuando una voz como la del monje sajón Gottschalk (mediados del siglo IX) suscitaba una controversia teológica —en este caso sobre la predestinación—, aquel que se

■ *Los concilios y los Padres de la Iglesia (página izquierda, san Ambrosio) pusieron las bases del dogma católico, básicamente contra las interpretaciones de Arrio y de Mani o Maniqueo, condenados como herejes.*

LA CRISTIANDAD DEL AÑO MIL

Concordia discordantiau canoni ac omniu deurenatur iustuon

encontraba en minoría se veía reducido al silencio en un monasterio lejano. El fin del siglo X ve la descomposición del Imperio carolingio, la parcelación y la privatización del poder político en manos de los antiguos grandes funcionarios, duques, condes y marqueses cuyos títulos se han hecho hereditarios y que el pequeño rey de los Francos —Hugo Capeto desde el año 987— no puede pretender dominar efectivamente. La única estabilidad es la religiosa, encerrada en las abadías de la orden benedictina reformada de Cluny. Los monjes copistas y cronistas componen en ellas sus grandes historias del mundo, de la mano de Dios, desde sus orígenes hasta el momento presente, sobre el que abundan los detalles. Entre los granizos, los incendios y los cometas aparecen los falsos profetas que anunciaba el Apocalipsis, precursores del anticristo y de ese final de los tiempos que se espera para el año 1000 o el 1033.

Hacia finales del año mil, un campesino de Champaña, convicto de maniqueísmo (es decir, de herejía en sentido amplio, según la terminología medieval) por el obispo de Châlons, porque rompía las cruces y predicaba la castidad, se suicida por vergüenza y desesperación. En 1022, una docena de los canónigos más religiosos de la catedral de Orleans son quemados vivos por herejes por orden del capeto Roberto el Piadoso. Es la primera hoguera de la Edad Media cristiana. En Tolosa, Aquitania y Piamonte pronto se encienden otras hogueras.

■ *Los monjes, copistas o redactores (a la izquierda) trabajaban incansablemente en sus talleres de escritura, y sus crónicas nos revelan la existencia de herejes en Europa hacia el año mil.*

EL AÑO MIL DEL BLANCO MANTO DE IGLESIAS

Sin embargo, el año mil es también una primavera, el tiempo de un renacimiento de la paz, la prosperidad, la espiritualidad evangélica. El monje cluniacense Raoul Glaber, el mismo que relata en sus *Histoires* las dramáticas y extravagantes aventuras del campesino Leutard o de los canónigos de Orleans, describe esta aurora del segundo milenio como el tiempo en que los campos de Occidente se cubrían con un blanco manto de iglesias.

En cualquier caso, es innegable que la conjunción de múltiples factores favorables —desde la suavización del clima a la paz relativa tras las grandes invasiones— determina en Europa un período de bienestar y expansión demográfica. Los pueblos se asientan, los campos de cultivo se distribuyen en

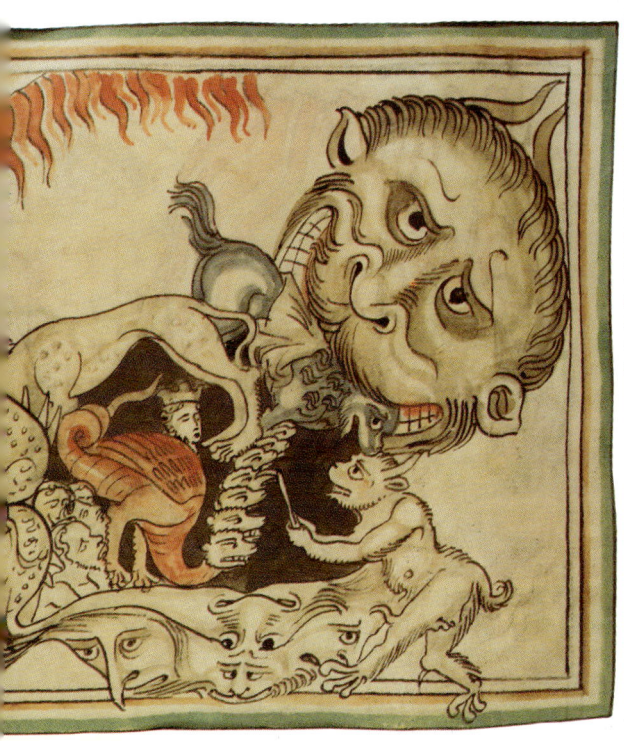

■ *La boca del infierno, representada aquí en un manuscrito del Apocalipsis del siglo XIII, omnipresente en la imaginería románica, simboliza la angustia del juicio final y la condena eterna, de la que el pueblo cristiano medieval era víctima desde que los «Terrores del año mil» pusieron de nuevo de actualidad el tema del fin de los tiempos y el de los signos que anunciaban el regreso de Cristo como último justiciero de los vivos y los muertos. Esta angustia estuvo en el origen de muchos de los alborotos y disputas evangélicas, incluso de la herejía misma. La amenaza del castigo eterno, que esgrimía la Iglesia, fue rechazada con una especial energía por los cátaros en nombre de la bondad y la infinita capacidad de perdón de Dios Padre. Denunciaban que el infierno eterno era una simple invención de los clérigos destinada a intimidar a los fieles.*

torno a los castillos y a las iglesias, los bosques se roturan alrededor de los monasterios, al tiempo que las técnicas agrícolas se desarrollan y la tierra produce cosechas abundantes. Hasta el siglo XIII se olvidarán las grandes hambrunas de los tiempos carolingios. A partir de entonces, el pueblo cristiano puede volverse hacia otras preocupaciones al margen de la supervivencia inmediata. Mientras que el orden depredador del feudalismo empieza a someter los campos a una explotación sistemática, paradójicamente las poblaciones se abren a la tregua de Dios y a la esperanza de la salvación.

Hay que decir que están respaldadas por la Iglesia en un vasto movimiento de resistencia ante la violencia y las exacciones de los señores, estas áreas de dominio de militares a caballo que hacen reinar el terror desde lo alto de las colinas donde instalan sus torres de madera rodeadas de estacas y empalizadas. Este movimiento de la Paz de Dios, que se desarrolla tras el último tercio del siglo X, unirá al campesinado y a los prelados bajo el santo patrocinio de estatuas y de reliquias durante todo el período del año mil, antes de que en los primeros decenios del siglo XI lo recuperen los grandes príncipes. Contribuirá, igual que el término imaginario del año mil, a colocar el Evangelio en el centro de las esperanzas.

En este contexto de violencia y de gracia emerge un apetito nuevo de religiosidad interesado en redescubrir el mensaje del Nuevo Testamento, el ideal de la Iglesia cristiana primitiva y la promesa de la salvación. De la búsqueda espiritual apasionada en el seno del pueblo cristiano —y de sus pastores— surge la figura ambigua del hereje, sea ésta fruto más o menos imaginario de una invectiva de los monjes que sienten la competencia de unos individuos más religiosos que ellos mismos, o simple paroxismo en los movimientos carismáticos de la época.

■ *La estatua o* majestad *de* Sainte Foy de Conques *(parte superior), paseada como tantas otras en solemnes procesiones para edificar al pueblo cristiano, se vengaba de modo ejemplar de las burlas anticlericales de las que era objeto. Eso es al menos lo que cuenta el* Livre des miracles *(siglo XI), que informa de este modo de la existencia de una corriente crítica popular durante este período.*

■ *Los monjes benedictinos y más tarde los cistercienses roturaron muchos bosques y contribuyeron al florecimiento económico y demográfico que caracterizaría al siglo XI, favoreciendo la implantación de pueblos sobre los territorios recién ganados.*

Los falsos profetas del Apocalipsis

No cabe duda de que existe un anticlericalismo popular. Cuando la orden de Cluny se apodera, en beneficio de sus monjes, de todas las promesas del reino de Dios y las guarda en la luz bien cerrada de las abadías, con su oro, incienso y cantos angélicos, cuando se intenta canalizar la piedad popular hacia el culto bien concreto de las reliquias y de las estatuas milagrosas, se elevan voces de protesta en nombre del sentido común y de la pureza de los tiempos apostólicos de la Iglesia. Se hace burla y se reclama. En torno a las grandes asambleas de la Paz de Dios, el historiador adivina la existencia de comunidades de hombres y de mujeres, laicos y religiosos mezclados, unidos en su voluntad de ajustarse al único modelo de los apóstoles y a la única ley del Evangelio, lo que los conduce a rechazar las excrecencias posteriores de la institución de la

■ *Los monasterios y prioratos cluniacenses (abajo) representaban recintos de luz celeste, prefigurando el paraíso del que participaban ya los monjes. En las tinieblas exteriores vivían las brujas (arriba y a la derecha) y los agentes del diablo.*

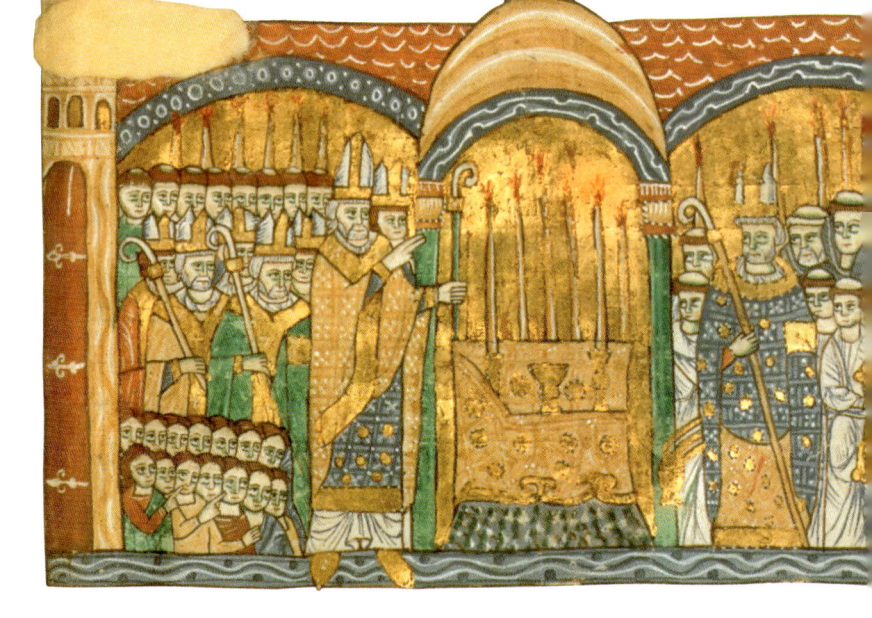

Iglesia, sus sacramentos no fundados en las Escrituras, así como sus prácticas supersticiosas, la relajación de las costumbres de su clero parroquial y las pretensiones temporales de sus prelados.

Los textos de las gentes de la Iglesia, monjes cronistas en su mayor parte, hablan de brujos, adeptos lujuriosos de orgías nocturnas y criminales incestuosos, de insignificantes impíos de quienes se vengan las estatuas de los santos de los que se habían burlado, de campesinos iletrados y de viejas equívocas, pero también hablan de otros agentes más temibles del mal, es decir, maniqueos, ministros herejes del diablo y apóstoles de Satán, lo que hace suponer la existencia de una oposición teológicamente más sabia y de opositores de más talla. La interpretación de los cronistas y de las autoridades religiosas es simple: son los falsos doctores de las Escrituras, los falsos profetas anunciadores del anticristo cuya inminencia predice el Apocalipsis. Los textos de denuncia se recortan y se completan. Los disidentes rechazan el culto supersticioso de las reliquias, las estatuas, las cruces, predican la castidad y la pobreza absolutas; se levantan contra la práctica del bautismo a los niños pequeños que aún no tienen uso de razón. Pero los argumentos teológicos se hacen más concretos. La herejía, puesto que de herejía se trata, es más erudita que popular.

LA PRIMERA HOGUERA DE HEREJES

Los herejes juzgados en 1025 en Arrás por el tribunal de justicia episcopal de Gérard de Cambrai reclamaban fundamentar sus prácticas religiosas sobre la única autoridad de Cristo y de sus apóstoles —excluyendo con esto el

■ *Los textos contemporáneos precisan también que, en las asambleas secretas de los maniqueos, los campesinos de la diócesis de Châlons «pretendían fraudulentamente dar el Santo Espíritu mediante una sacrílega imposición de manos». Y Raoul Glaber cuenta en su crónica que la comunidad hereje desenmascarada hacia el año 1025 en el castillo de Monforte, en el Piamonte, por el arzobispo de Turín —antes de ser quemada en masa—, tenía al frente a una mujer que imponía las manos a los moribundos, rodeada de una «banda de diablos vestidos de negro», lo que evoca poderosamente a los religiosos cátaros vestidos de negro del siglo siguiente.*

> ■ *Dicen que «Cristo no ha nacido de la Virgen, que no ha sufrido por los hombres, que no ha muerto, que no lo enterraron de verdad y que no ha resucitado. [...] Que no hay sacramento del cuerpo y de la sangre de Cristo en la consagración del sacerdote»* (Notice sur les chanoines d'Orléans, hacia 1050).

Antiguo Testamento—; rechazaban el bautizo en el agua y negaban la transustanciación en la Eucaristía. Los herejes denunciados por Adémar de Chabannes, monje de Angoulême, por haberse extendido por toda Aquitania desde 1017 o 1018, ayunaban como monjes, rechazaban todo alimento a base de carne y vivían en castidad; se negaban a adorar la cruz en la que no veían más que un instrumento de suplicio.

Los herejes denunciados en el Périgord, en esos mismos años, por un monje llamado Erbert, practicaban además, en lugar de la Eucaristía, una simple bendición del pan, negando así todo valor al sacramento del altar. También ellos se destacaban por su total vegetarianismo y ascetismo, así como por sus plegarias demostrativas, cientos de genuflexiones, y probablemente recitados del padrenuestro completados con la doxología griega: «Porque tuyo es el reino, el poder y la gloria, por los siglos de los siglos, amén.»

En 1022, la primera hoguera de que tenemos testimonio en la historia cristiana hacía desaparecer a doce canónigos de la ciudad real de Orleans, entre los que estaba el propio confesor de la reina. Si bien los cronistas —tanto Raoul como Adémar— no los acusan más que de brujería y de diversas depravaciones, un documento de mediados del siglo XI es más explícito: los excesivamente piadosos canónigos, grandes clérigos de elevada cultura,

LOS SACRAMENTOS CUESTIONADOS

negaban todo valor a la Eucaristía porque negaban la persona humana de Cristo, para ellos Dios verdadero con simple aspecto humano. Sin el cuerpo y la sangre humanas de Cristo no hay Eucaristía ni transformación mágica del pan y el vino.

Esta acusación concreta permitía a la Iglesia situar las disidencias modernas que denunciaba al mismo nivel que las grandes herejías de los primeros siglos cristianos, referidas esencialmente a la naturaleza de Cristo. Es también la formulación exacta del docetismo cátaro de los textos del siglo XIII. Pero el mismo documento indica en qué términos los canónigos condenados ilustraban el único sacramento que practicaban: «La salvación, por la imposición de manos, que lava

■ *La práctica de la imposición de manos está ampliamente atestiguada en el Nuevo Testamento y en los primeros siglos cristianos. Los herejes medievales, protocátaros y cátaros, vinculaban así su gesto sacramental a la tradición apostólica, afirmando que el bautismo por el Espíritu y la imposición de manos era el único sacramento basado en las Escrituras, a diferencia de los siete sacramentos inventados por la Iglesia católica, desde la eucaristía al bautismo mediante agua sola. (A la izquierda, san Pablo bautizando.)*

de todo pecado y llena del don del Espíritu Santo.»
Ésa es exactamente la definición del *consolament*
cátaro, tal como se explicitará en el siglo XII.

EL ARCÁNGEL Y EL DRAGÓN:
EN LAS RAÍCES DE UN DUALISMO CRISTIANO

Sorprende constatar hasta qué punto el conjunto de los rasgos distintivos que nos permitirán caracterizar al catarismo a través de los numerosos y ricos documentos de los siglos XII y XIII ya está presente en los textos que denuncian, poco después del año mil, a los primeros herejes de la cristiandad occidental. Al margen de las estructuras de la gran Iglesia, estos «protocátaros» aparecen como comunidades mixtas de cristianos exigentes y críticos que, declarándose seguidores de los apóstoles y de la ley del Evangelio, extraen de ellos un modelo de vida ascético y un rechazo al Antiguo Testamento.

■ *El tema de la caída de los ángeles, transmitido por las múltiples copias del comentario al Apocalipsis de Beato, conoció un éxito considerable en los siglos X y XI. La cola del dragón vencido arrastra con él en su caída un tercio de las estrellas del cielo (imagen superior). Todos los cristianos de la época —y no sólo los herejes— se alimentan espiritualmente con este mito.*

RACIONALIDAD DE LA HEREJÍA

Estos cristianos exigentes rechazan también la humanidad de Cristo y por lo tanto el sacramento de la Eucaristía, que se encuentra en el centro de las prácticas católicas, y compiten con la gran Iglesia celebrando un sacramento de salvación que absuelve los pecados mediante la imposición de manos y el Espíritu Santo.

En estas prácticas concretas, ¿debemos ver la herencia de antiguas disidencias, importadas al Occidente cristiano por misioneros exteriores venidos de un Oriente equívoco? La respuesta es más sencilla: parecen ser el fruto último del intenso trabajo en busca de la literalidad evangélica que agitaba por entonces las conciencias religiosas, desde los capítulos catedralicios hasta las profundidades de los monasterios cluniacenses, desde las asambleas de paz en pleno campo hasta el fermento de las protestas populares más crudas. Bastaba con tomar la Biblia y remitirse a los Hechos para leer que los apóstoles a los que querían imitar, en esta primitiva Iglesia cuyos valores deseaban recuperar, bautizaban mediante la imposición de las manos, que el propio Pablo rompía estatuas y denunciaba la superstición de los «ídolos de las naciones»...

No es necesario imaginar una invasión de maniqueos orientales a través de Europa. El término de maniqueo, en la pluma de los cronistas, era simple sinónimo de hereje.

■ *Los herejes, racionales en plena Edad Media, rechazan las «supersticiones» de la gran Iglesia, como el culto a las estatuas de los santos, equiparadas a los ídolos que destruían los primeros cristianos (imagen superior). En la misma perspectiva, interpretan la última Cena (en el centro) como bendición y partición del «pan de la palabra divina» por Cristo y sus discípulos, pero no admiten la magia de una transustanciación.*

Sin embargo, Georges Duby destaca que «todo el siglo XI es maniqueo de modo espontáneo». Lo es por la actualización dramática de las profecías del Apocalipsis, que da vigor al tema del gran combate entre el arcángel san Miguel y las legiones del dragón, la antigua serpiente, bajo las murallas de la Jerusalén celeste, al tiempo que presenta el mundo terrestre del final de los tiempos como repartido entre un pueblo de justos y de agentes del diablo.

Son maniqueos por elección intelectual los monjes cluniacenses que embellecen el tema del mundo desgarrado por el combate sin tregua entre los campeones de Dios, que ellos proclaman representar, y los agentes del mal y del anticristo que son sus adversarios, estas cohortes del enemigo, estos apóstoles de Satán, estos ministros herejes del diablo. Son maniqueos por resignación los campesinos del pueblo cristiano de base, que ven su vida cotidiana desgarrada por las violencias de las bandas armadas a medida que, poco a poco, el derecho feudal del más fuerte impone a los campos la jerarquización divinizada del orden señorial.

Los *scriptoria* de las abadías copian e iluminan los manuscritos de comentarios sobre el Apocalipsis —como el de Beato, abad de Liébana— con pinturas sombrías y fuertes sobre el combate entre el arcángel y el dragón, mientras los monjes cantan en la luz de un paraíso prohibido a los humildes.

■ *El combate del arcángel, defensor de la ciudad celeste contra el asalto del dragón o de la bestia del Apocalipsis, alimentó la amplia imaginería románica sobre el antagonismo entre las criaturas celestes y las fuerzas del mal, situadas en la raíz del dualismo cristiano.*

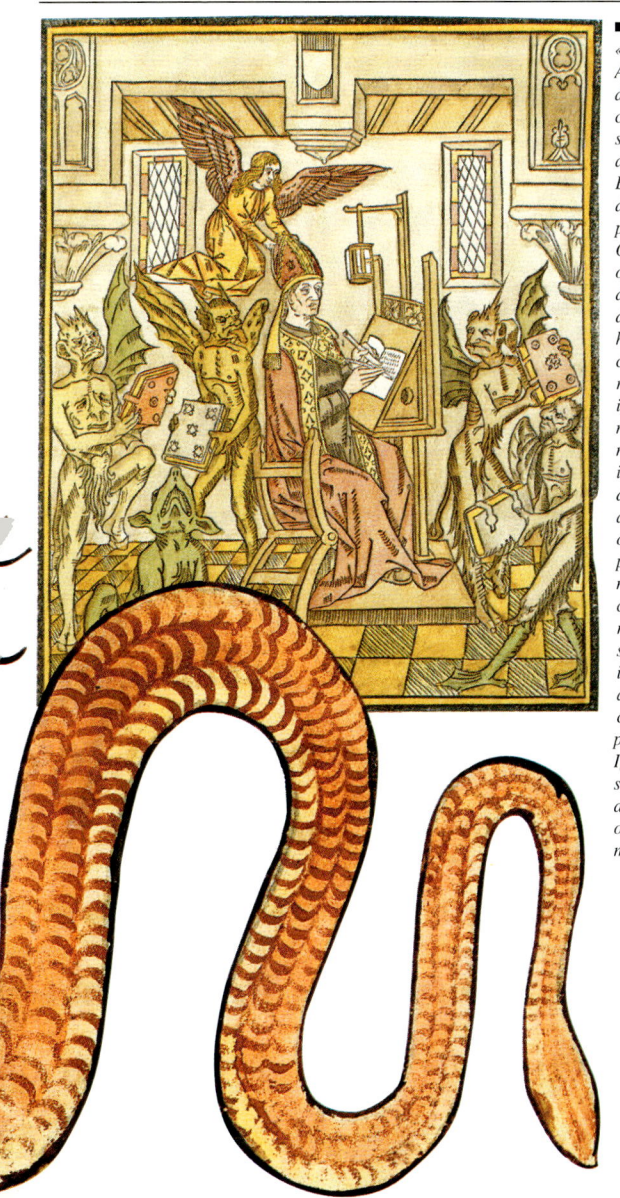

■ *El dragón, la «antigua serpiente» del Apocalipsis, enemigo de Dios y de su ciudad celeste, se asimiló a la serpiente que tentó a Eva en el Génesis. Enriquecido con el mito de Lucifer, reinterpretado por el Padre griego Orígenes y sus discípulos occidentales, el conjunto dio cuerpo al personaje del diablo, que apareció hacia el año mil para conocer el éxito en las representaciones imaginarias cristianas medievales e incluso modernas. A la izquierda, ángeles y diablos discuten alrededor de san Agustín, cuya «Ciudad de Dios» prefigura el sueño medieval de la Jerusalén celeste. No es ocioso recordar aquí que en el siglo IV Agustín (a la izquierda) fue maniqueo antes de convertirse al cristianismo y dedicar su pluma de Padre de la Iglesia a la refutación de su antigua fe... con argumentos, en ocasiones, de carácter marcadamente dualista.*

LAS DOS IGLESIAS

En la segunda mitad del siglo XI, en un momento en que los documentos guardan silencio durante algunos decenios en relación con cualquier manifestación de herejía en Occidente, el papado inicia la reforma gregoriana (que toma su nombre del papa Gregorio VII), que lo libera de la tutela imperial germánica y, siguiendo el ideal de los valores de la Iglesia primitiva, vuelve a colocarse al frente del clero regular y secular. Las pulsiones evangélicas son arrastradas por eremitas predicadores que fundan

■ *El papa Gregorio VII (a la izquierda) ligó su nombre a la gran obra de la reforma gregoriana que durante toda la segunda mitad del siglo XI se dedicó a orientar de nuevo espiritualmente a la Iglesia y a reestructurar su disciplina interior. Los sacramentos del matrimonio y de la penitencia, que en la época carolingia habían recibido una primera definición, se elaboraron de modo definitivo.*

LA FIGURA DEL INFIEL

nuevas órdenes religiosas; así es como Roberto de Molesmes crea la orden del Cister en 1100. Una vía de salvación cristiana se entreabre para los laicos, e incluso las mujeres, en una vida matrimonial regulada por el sacramento nuevo del matrimonio. Al mismo tiempo, la Iglesia reformadora refuerza la ideología maniquea del tiempo, teorizando sobre el derecho del justo —el caballero cristiano— a utilizar sin pecar la fuerza contra los enemigos de Dios y de la fe. Desde finales de siglo, junto con el hereje del año mil, se designará y denunciará al infiel —el mahometano de España y de Tierra Santa— como aquel al que se puede matar sin faltar a los preceptos del Evangelio. Y la guerra santa, la cruzada, se predica y se lanza contra él al grito de «Dios lo quiere».

En cuanto a la cristiandad, la ideología gregoriana militante la dibuja desgarrada entre dos Iglesias: la verdadera, la Iglesia del trono de san Pedro, la Iglesia católica y romana, y contra ella la falsa y pérfida Iglesia del anticristo y del enemigo, que mezcla infieles y herejes. La que suscita el diablo y que es lícito y justo suprimir en nombre de Dios. Ésta será la función del caballero cristiano antes de que se encargue el inquisidor.

■ *El ideal de la guerra santa —de la cruzada— es un resultado de la militancia gregoriana. Los caballeros cruzados atacando a los sarracenos (página izquierda) se ven a sí mismos como la representación del caballero blanco del Apocalipsis luchando contra Satán (imagen inferior): nace un maniqueísmo en el sentido moderno del término, que opone las fuerzas del Bien y las fuerzas del Mal, sin otra referencia al antiguo heresiarca llamado Maniqueo o Manes.*

28

La herejía, difundida en el siglo XI, estalla en el siglo XII; es una «contraiglesia» organizada, con su clero mixto y sus obispos. Tras los diversos apelativos que reciben de sus adversarios, se ocultan unos religiosos austeros que leen el Nuevo Testamento y practican el rito cristiano primitivo del bautismo por imposición de manos.

Capítulo II
LAS IGLESIAS CÁTARAS EUROPEAS

■ *Hay testimonios de los bogomilos de la cristiandad griega unos treinta años antes de que aparezcan los herejes occidentales. En Bosnia y en Bulgaria se les atribuye una serie de monumentos de arte popular medieval (derecha), aunque con frecuencia no se puede verificar el vínculo. Sin embargo se conoce la estela de Sarajevo de un dignatario bosnio, el Gost Milutin.*

Los bogomilos del Imperio bizantino

La cristiandad latina y la cristiandad griega se separaron a mediados del siglo XI, por oscuras razones de teología trinitaria, entre la Iglesia católica del papado romano y la Iglesia ortodoxa que reconocía la única autoridad del patriarca de Constantinopla. De hecho, la actitud de la Iglesia griega ante el fenómeno hereje acusaría sus divergencias con el catolicismo romano. Aunque las autoridades religiosas ortodoxas denunciaron la herejía con las mismas invectivas verbales que la Iglesia romana, sin embargo nunca llegaron, como esta última, a la represión física de los que se apartaban de las normas. Las escasas hogueras que conoció el cristianismo oriental fueron obra de las autoridades imperiales bizantinas.

Desde mediados del siglo X, apenas unos decenios antes de los maniqueos y brujos occidentales, herejes del mismo tipo aparecen en las fuentes griegas y eslavas: hacia el año 970, el sacerdote búlgaro Cosmas

■ *El cisma de 1054, concretado en la excomunión del patriarca de Constantinopla, Miguel Cerulario, por el papa León IX (en el centro), consagraba un estado de hecho. Cultura, lengua, destinos políticos, actitud religiosa, todo separaba las dos alas de la cristiandad griega y latina. Los bogomilos y los fundaguiaguitas, versión griega de los cátaros latinos, se inscribían en la tradición de los monjes basilios y, al igual que sus hermanos cátaros, no manifestaban una filiación exterior a la cultura cristiana.*

EL PRECEDENTE DE LOS BOGOMILOS

dedica un tratado inflexible a las múltiples aberraciones teológicas y perversidades de comportamiento de los que denomina los «bogomilos», nombre procedente de su heresiarca, el pope Bogomil, versión eslava del nombre griego Teófilo («amado de Dios»). Extendidos por todo el reino búlgaro y vestidos con atuendo religioso, según Cosmas, estos bogomilos —que simplemente se denominan cristianos— seducen a las almas débiles simulando la piedad más exagerada y el modo de vida más ascético. Se burlan de las prácticas supersticiosas de la gran Iglesia, su culto a las imágenes, las cruces y las reliquias, su credulidad ante los milagros; niegan todo valor a sus sacramentos y pretenden remitir ellos mismos los pecados; entre ellos incluso hay mujeres, destaca Cosmas, lo que sin duda es digno de burla.

De hecho, estos herejes tal vez hayan dado un paso más que sus colegas occidentales, puesto que, tras oponer como ellos el Nuevo Testamento al Antiguo, parecen predicar una lectura explícitamente dualista de las Sagradas Escrituras. Los bogomilos atribuyen así la creación de este bajo mundo impregnado de mal no a Dios Padre, sino a uno de sus ángeles rebeldes, Lucifer. Otros hitos documentales nos muestran, en el mismo siglo XI, a los religiosos bogomilos presentes tanto en el seno de los monasterios urbanos de Constantinopla como en los vastos espacios del Asia Menor bizantina. Allí, bajo el nombre de «fundaguiaguitas», que designa a los monjes que vagan con alforjas, evangelizan a las poblaciones rurales y diseminan comunidades de

■ *Los documentos bizantinos del siglo XI en relación con la herejía son mucho más ricos y precisos que los textos occidentales contemporáneos. Los bogomilos muestran un aspecto muy similar a los herejes latinos del año mil. Austeros religiosos de prácticas de piedad llamativas pero con acerbo espíritu crítico, se organizan en comunidades cristianas mixtas e intentan constituir una Iglesia verdadera; practican, tras largos períodos de enseñanza teológica y de noviciado religioso, un bautismo de iniciación cristiana por imposición de manos que absuelve los pecados. Pero se dice que elaboran el tema de la caída de Lucifer y el de la parábola del administrador infiel (figura superior) para desarrollar una interpretación dualista de las Escrituras, que atribuye a un demiurgo la creación de este mundo.*

hombres y mujeres. En la capital del Imperio se benefician del apoyo de grandes familias de la aristocracia.

Uno de ellos, un médico llamado Basilio, figura destacada e impresionante, es quemado con algunos de sus discípulos por orden del emperador Alejo Comneno en el gran hipódromo de Constantinopla hacia el año 1100. Durante este tiempo, Occidente redescubre a los herejes, a los que pronto aplicará, entre otros términos peyorativos, el de «cátaros».

■ *La narración de la ejecución solemne del heresiarca Basilio y de sus discípulos en Constantinopla aparece en la* Alexiada, *crónica en verso que la princesa Ana Comneno dedicó al reinado de su padre, el emperador Alejo (a la izquierda).*

OCCIDENTE: PATRINOS Y TEJEDORES

Tras cierto vacío en los textos de la segunda mitad del siglo XI, ocupado por la reforma gregoriana, los herejes reaparecen en Europa occidental en los primeros años del siglo XII, y hay testimonios de su existencia en el conjunto de las zonas donde ya se habían manifestado hacia el año mil. Según las regiones y los autores que los denuncian varían las denominaciones, pero se mantienen las constantes que los identifican. Los «patrinos» del norte de Italia, «piphles» de Flandes, «publicanos» de Champaña y Borgoña y «tejedores» (*tisserands*) del Languedoc profesan los mismos «errores» y manifiestan las mismas prácticas; en todas partes son perseguidos como herejes, llevados ante los tribunales de justicia episcopales y quemados vivos con la intervención de masas enfurecidas y a pesar de la vigilancia inquieta de los hombres de la Iglesia, tal como se preocupan todavía por precisar las plumas religiosas de esta primera mitad del siglo XII. A partir de mediados del siglo XII, la Iglesia ya no vacilará en tomar la iniciativa de la represión y de la eliminación física de los que se apartan de las normas.

Las grandes batidas y las hogueras de Lieja hacia el año 1135 parecen gozar de la autoridad episcopal; de hecho, la gran zona del arzobispado renano de Colonia parece haber estado especialmente trabajada en profundidad por la protesta evangélica. En 1143, Evervin, preboste de un monasterio de Steinfeld, envía una señal de alarma a Bernardo de Claraval, luz del Cister y autoridad religiosa más prestigiosa de su tiempo: el futuro san Bernardo. Esta carta, a la que Bernardo contestará con una serie de sermones sobre el Cantar de los Cantares, es un documento excepcional. En el momento en que los cistercienses se declaran la punta de lanza más aguda de la Iglesia militante, los herejes de Renania aparecen organizados en una «contraiglesia» evangélica y pobre, la «Iglesia de los Apóstoles»,

■ *La herejía en el siglo XII parece afectar a todas las clases sociales, de los campesinos a los canónigos; hay que decir que sus adeptos están sujetos al trabajo evangélico, lo que acentúa sus vínculos con el mundo del artesanado (y particularmente el de los tejedores, imagen superior), pero los herejes son siempre buenos conocedores de las Escrituras y, a diferencia de sus predecesores de la antigüedad (a la izquierda, un auto de fe), no rechazan ningún texto del Nuevo Testamento. Se sabe que la palabra herejía, procedente del griego, significa «elección» y no «error». Se reprochó a los primeros herejes que escogieran entre los textos sagrados sin aceptar el conjunto.*

apelación que las autoridades tradujeron como «Apóstoles de Satán».

DE LOS APÓSTOLES A LOS CÁTAROS DE RENANIA

Cerca de Colonia había tenido lugar una nueva gran batida, y Evervin de Steinfeld fue testigo de la solemne sesión de justicia en la que los herejes no temieron defender sus posiciones teológicas ante el arzobispo y su tribunal, utilizando las Sagradas Escrituras como argumento en el momento oportuno. Evervin, impresionado, no dudó en entrevistarse con los herejes que estaban en prisión antes de que la multitud se apoderara de los que no habían querido abjurar para quemarlos. Y el espectáculo de su muerte valerosa, digna de los mártires de los primeros tiempos cristianos, acabó de conmover al religioso hasta el punto de que sintió la necesidad de dirigirse a Bernardo de Claraval.

Gracias a Evervin nos enteramos —como se enteró Bernardo— de que estos herejes, que se llaman a sí mismos Apóstoles o «Pobres de Cristo», están organizados en comunidades mixtas bajo la autoridad de un obispo. Como los herejes del año mil,

■ *En las primeras hogueras de herejes del siglo XII murieron, hacia 1120, campesinos del Soissonnais. A lo largo del siglo, grandes oleadas de represión (imagen inferior), dirigidas por las autoridades episcopales, eliminan comunidades enteras en Flandes, Renania y Champaña. En Renania, alrededor de Eckbert y Elisabeth de Schönau, así como de la gran Hildegarda de Bingen, se desarrolla una intensa prédica de combate contra los herejes, equiparando la herejía a la peste o a la lepra, y los herejes a los lobos, perros, hienas o chacales hembras.*

> El arte gótico renano refleja la militancia de Hildegarda. Abajo y a la izquierda, estatuas de la catedral de Estrasburgo que representan a las virtudes venciendo al vicio.

no creen en la humanidad de Cristo, sustituyen la Eucaristía por una simple bendición del pan y absuelven los pecados gracias a un sacramento de bautismo por imposición de manos; al igual que los bogomilos, practican la iniciación cristiana en dos etapas sucesivas de enseñanza teológica y de noviciado, consagradas por una doble ceremonia: bautismo, que convierte a un simple oyente en creyente, y ordenación, que hace de este creyente un cristiano o cristiana.

Los Apóstoles renanos conforman su vida según el modelo de los apóstoles de Cristo, como hacían los maniqueos del año mil, y pretenden, como los bogomilos, constituir la Iglesia verdadera; llegan a afirmar incluso que esta Iglesia, que permaneció oculta en Grecia desde el tiempo de los apóstoles, se ha extendido por todo el mundo conocido. El argumento que desarrollan para Evervin aclara la interpretación de las Escrituras que aparecerá en los textos posteriores para formar la base de la teología cátara. Igual que los Evangelios, y especialmente la Primera Epístola de san Juan, oponen a Dios a este mundo; los Apóstoles o Pobres de Cristo oponen su Iglesia de Dios a la mundana Iglesia romana.

La señal de su legitimidad es la conformidad apostólica de su modo de vida: «Por sus frutos los

36 LAS IGLESIAS CÁTARAS EUROPEAS

■ *Contrariamente a lo que se ha pretendido durante mucho tiempo, los cátaros utilizaban el conjunto del Nuevo Testamento, así como algunos libros del Antiguo, y no sólo el Evangelio de san Juan (a la izquierda, san Juan Evangelista). Su religiosidad, sin embargo, tenía una marcada influencia de san Juan. Cátaros y bogomilos decían el prólogo del Evangelio de Juan en su liturgia del bautismo de ordenación, y predicaban su dualismo cristiano a partir de citas como: «Sabemos que somos de Dios, mientras que el mundo todo está bajo el maligno» (1 Jn 5, 19).*

conoceréis.» Pobres y no violentos, niegan todo carácter de autenticidad a la gran Iglesia, poderosa y opulenta, cuyos Padres se han apartado de la vía de Cristo.

El argumento de las dos Iglesias, utilizado desde hacía más de un siglo por las autoridades romanas para confundir a las sectas de los herejes Apóstoles de Satán, ahora parece volverse en favor de los herejes. Pero la base del análisis sigue siendo idéntica: el germen del dualismo contenido en las Escrituras cristianas, esta oposición latente entre Dios y el mundo, este maniqueísmo manifestado por toda la cristiandad del año mil y que los bogomilos y los cátaros, del siglo XI al XIII, desarrollarán progresivamente en toda su lógica.

Veinte años después de Evervin de Steinfeld, en 1163, cuando se encendieron nuevas hogueras, otro religioso de Renania, Eckbert de Schönau, describía en sus sermones unas comunidades herejes análogas en todo a las mencionadas. Sólo le debemos dos detalles suplementarios: la confirmación de la interpretación dualista de los mitos de la creación de estos Apóstoles de Satán, y la invención del término «cátaros» para designarlos, juego de palabras falsamente erudito entre «catharistas» (secta antigua de maniqueos o puros) y «gatistas» (brujos adoradores del gato), a partir de la denominación popular «cati». Aunque los interesados, desde Asia Menor a Aquitania, no se hayan llamado a sí mismos más que Cristianos, Pobres de Cristo o Apóstoles, el término cátaro conocería un inesperado éxito póstumo tras la publicación en 1848 de la obra de Charles Schmidt titulada *Historia y doctrina de la secta de los cátaros*. No debe sorprender pues que la empleemos, a pesar de que carezca de carácter histórico.

■ *Según los herejes, la Buena Nueva del Evangelio, anunciada por Cristo, renovaba y sustituía a la Ley de Moisés, que regía el Antiguo Testamento. (Imagen superior, Cristo entre la iglesia y la sinagoga, miniatura del siglo XV.)*

LOS ALBIGENSES Y LA ENTRADA EN LIZA DE BERNARDO DE CLARAVAL

Algunos meses después de haber recibido la carta de Evervin de Steinfeld alarmándolo sobre los avances de la herejía junto al Rin, Bernardo de Claraval encabezaba una misión delegada de prelados para perseguir y confundir hasta el condado de Tolosa a su viejo enemigo, el monje Henri, que predicaba a las masas meridionales un evangelismo disidente. Pero cuando en junio de 1145 llegó a Tolosa, a Verfeil y a Albi, no dio con los partidarios del monje Henri, sino con una clase de herejes más concreta que debió de recordarle las descripciones de su corresponsal renano. En su entorno se le dio el simple nombre de «herejes albigenses». No cabe duda de que eran de esos Cristianos o Apóstoles que actualmente llamamos cátaros.

A través de este conjunto de documentos se constata que en la zona de Tolosa y Albi, antes de mediado el siglo XII, el evangelismo disidente había ocupado ya pequeñas aldeas por las que diseminaba comunidades de hombres y de mujeres bajo la protección de los linajes de la pequeña nobleza rural y bajo la influencia de un anticlericalismo alegre y alborotador. Los prelados, el legado y Bernardo, luz del Cister, se dedicaron a ello personalmente. El pueblo humilde del campo, que parecía menos profundamente contaminado, escuchó con atención las predicaciones; Bernardo, de regreso a Claraval, extrajo de esta experiencia la retórica violenta de una serie de sermones contra los herejes que darían el tono a futuras campañas cistercienses y dejarían el paso libre a la represión por la fuerza y a la inquisición de la peste hereje.

■ *La orden del Cister, fundada por Roberto de Molesmes en el año 1100, se convirtió —con el compromiso personal de Bernardo de Claraval a partir del año 1130, y gracias a su prestigio espiritual e intelectual— en punta de lanza de la Iglesia militante. San Bernardo, ideólogo de la cruzada, fundador místico de la milicia religiosa del Temple, insuflaría a la cristiandad del siglo XII, de modo incuestionable, su fe en la unidad sagrada de la Iglesia. Sin embargo, al parecer no tuvo gran éxito en su predicación contra los herejes, al igual que sus sucesores, los cistercienses legados pontificios de finales del siglo XII y de los primeros años del siglo XIII. Este fracaso parcial de los cistercienses abriría el camino a la vocación de Domingo y a la fundación de la Orden de los frailes Predicadores.*

Sin embargo, veinte años más tarde, en 1165, en Lombers, se vería a los campeones de la teología de esos mismos herejes alrededor de su obispo de la región del Albigeois, que probablemente ya era Sicard Cellerier, hacer frente, a pesar de los cistercienses, a altos prelados católicos en un debate público organizado bajo la protección tutelar del vizconde Trencavel. Desde un principio pareció existir un vínculo entre la aristocracia occitana y la herejía albigense; desde mediados del siglo XII, las Iglesias cátaras, toleradas abiertamente, tenían allí el viento en popa.

LA ASAMBLEA GENERAL DE SAINT-FÉLIX DEL LAURAGAIS

Todo ello se confirmó patentemente casi de inmediato. En 1167, en el *castrum* de Saint-Félix del Lauragais, en los confines del vizcondado de Trencavel de Albi-Carcasona y del condado de Tolosa, se reunió pública y abiertamente una asamblea general de las Iglesias herejes europeas bajo la presidencia de un dignatario bogomilo, el obispo Nicetas de Constantinopla. La iniciativa del encuentro había partido de la Iglesia de Tolosa, aprovechando el viaje por occidente de Nicetas para reclamar un obispado. La comunidad de los Cristianos del Carcassès hizo lo mismo, así como la de los Cristianos del Agenais. En cuanto a la Iglesia del Albigeois, la más antigua del Languedoc, tenía ya un obispo ordenado, Sicard Cellerier.

En la asamblea de Saint-Félix también estaba presente una delegación de la Iglesia italiana alrededor de Marc, su obispo electo, y otra de la Iglesia de Francia, alrededor de su obispo ordenado, Robert d'Epernon. Las comunidades occitanas y sus consejos de Iglesia escogieron sus obispos, que el prestigioso visitante ordenó al mismo tiempo que a Marc. También ordenó de nuevo a Sicard Cellerier y a Robert d'Epernon, y confirió un nuevo bautismo del Espíritu a todos los Cristianos y Cristianas presentes.

Algunos autores de la primera mitad del siglo XX

■ *La familia de los Trencavel (abajo, sello del vizconde Raimond Roger) había sumado a su vizcondado de Béziers el de Carcasona y el de Albi, constituyendo de este modo un vasto principado territorial, jugando con sus alianzas entre el condado de Barcelona y el de Tolosa. Roger II Trencavel, esposo de Azalaïs de Tolosa, fue el primero de su linaje en manifestar, al mismo tiempo que un vivo anticlericalismo, su tolerancia e incluso su simpatía por los herejes. Fue el primer Trencavel excomulgado. Su hijo Raimond Roger, cuya tutela había confiado moribundo, en 1194, a un notorio hereje, fue la primera víctima de la cruzada de 1209.*

dieron erróneamente un sentido dogmático a la intervención de Nicetas en Saint-Félix, convirtiéndolo en papa de las Iglesias cátaro-bogomilitas.

Los textos lo indican claramente: este obispo bogomilo no recorrió Occidente para predicar a las comunidades locales algún credo dualista, sino sólo para transmitirles el poder de la ordenación episcopal que él detentaba. Sin duda se limitó a persuadir a las Iglesias existentes entre el Languedoc y Renania de que la línea de transmisión del Espíritu Santo, por imposición de manos de los Cristianos, de la que él era heredero y portador, era de una filiación apostólica más fiable que la suya. El único discurso de Nicetas a las Iglesias cátaras de Occidente de que tengamos constancia en los textos hace referencia a la autonomía necesaria de cada comunidad, en relación con las vecinas, alrededor de su obispo. Argumentó que las Iglesias hermanas de Oriente, delimitadas de esta manera, vivían en buenas relaciones de paz y amistad: «Haced lo mismo.»

LOS OBISPOS CÁTAROS OCCIDENTALES

En efecto, uno de los puntos esenciales en la asamblea de Saint-Félix de 1167 era el arbitraje de un procedimiento de deslinde entre los territorios de las Iglesias del Toulousain y de Carcassès. Y la principal constatación histórica que se podría deducir del acontecimiento es la del verdadero dinamismo que conocía entonces el catarismo occitano y que lo empujaba a diseminarse y estructurarse en Iglesias u obispados. El documento de Saint-Félix parece también como una especie de fotografía de la implantación en Europa de las comunidades herejes un cuarto de siglo después de la llamada de Evervin de Steinfeld a san Bernardo.

Existe constancia de que había obispos a la cabeza de las comunidades renanas antes de mediados del siglo XII; en 1163, Eckbert de Schönau precisaba que los cátaros de Bonn y de Maguncia tenían archicátaros. Sin embargo, en Saint-Félix no se

■ *El personaje de Nicetas, víctima de grafías medievales fantasiosas, como por ejemplo «Papaniceta», se interpretó como el «papa» de un cátaro-bogomilismo solemnemente fundado en Saint-Félix. Más modestamente, fue un «padre» cuyo papel se limitó a predicar la necesaria independencia de cada una de las múltiples Iglesias en relación con las demás.*

manifestó ningún representante de una Iglesia renana. Tal vez la gran ola de represión de la que Eckbert acababa de ser testigo había terminado —al menos por un tiempo— con la organización de estas Iglesias renanas.

Sin embargo, en Saint-Félix se presentó una delegación de la Iglesia de Francia en torno a su obispo, Robert d'Epernon. Desde el año mil se habían señalado focos herejes activos en la región de Champaña, alrededor de Vertus, y después de Châlons y de Reims; hemos advertido otros en Borgoña a través de los archivos de la represión que sufrieron los herejes alrededor de Vézelay y Nevers. Hay que ver en ellos sin duda elementos de este vasto e indefinido obispado cátaro de Francia que tal vez reunía también a las comunidades del Soissonnais y de Flandes, todavía vivas alrededor de Arrás.

La densidad de las comunidades herejes de estas grandes zonas debía de ser relativamente escasa, puesto que el conjunto formaba la Iglesia de un solo obispo. Italia, con su único obispo Marc, parecía encontrarse en el año 1167 en una situación análoga.

■ *Esta figuración del concilio de Letrán de 1215 (arriba) da una idea de la actitud de los religiosos herejes reunidos en Saint-Félix. Igual que el papa Inocencio III, el pope Nicetas tuvo que presidir la reunión, pero a eso se limitó su papel, junto con la liturgia de las ordenaciones. Fueron las comunidades religiosas cátaras mismas (en las que las mujeres estaban presentes, a diferencia del concilio católico) quienes tomaron las decisiones que les concernían.*

LAS IGLESIAS CÁTARAS EUROPEAS

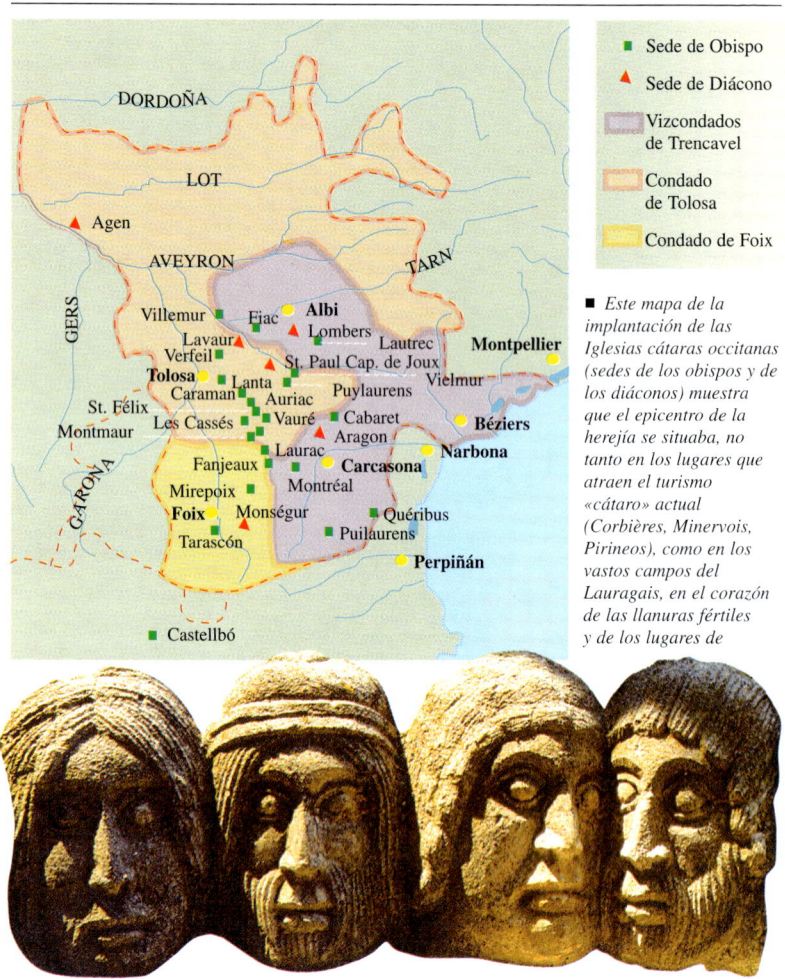

- ■ Sede de Obispo
- ▲ Sede de Diácono
- Vizcondados de Trencavel
- Condado de Tolosa
- Condado de Foix

■ *Este mapa de la implantación de las Iglesias cátaras occitanas (sedes de los obispos y de los diáconos) muestra que el epicentro de la herejía se situaba, no tanto en los lugares que atraen el turismo «cátaro» actual (Corbières, Minervois, Pirineos), como en los vastos campos del Lauragais, en el corazón de las llanuras fértiles y de los lugares de intercambio donde se apiñaban aldeas y castra, entre Tolosa, Albi y Carcasona.*

Pero si la Iglesia de Francia siguió unida hasta el término de la última hoguera, poco antes de mediados del siglo XIII, la Iglesia de Marc de Lombardía, por el contrario, se escindió en varias Iglesias, en ocasiones antagónicas, cuyos debates animaron durante mucho tiempo las ciudades italianas.

Muy distinta era —y seguiría siendo— la situación

en Occitania. En el *castrum* de los señores de Saint-Félix, vasallos del vizconde Trencavel, pudo celebrarse abiertamente la asamblea solemne de estos religiosos y religiosas que toda Europa perseguía y condenaba. Todo sucede como si el catarismo no hubiera sido nunca clandestino entre Albi y Tolosa. Desde mediados del siglo XII estaba tan densamente implantado que había Iglesias en gestación en el seno de sus comunidades de las regiones de Carcasona, Tolosa y Agen, y que una Iglesia con su obispo se había erigido ya en la región de Albi. La denominación de «albigense» para designar a los cátaros meridionales es históricamente coherente, pues el obispo de la región de Albi es anterior al de las de Tolosa, Carcasona y Agen. Sicard Cellerier, al igual que Robert d'Epernon, es un representante final de la antigua filiación episcopal cátara que estaba implantada en Occidente antes de la intervención de Nicetas, en la que participaban el obispo de los Apóstoles quemados en 1143 y los archicátaros quemados en 1163.

Cuatro —y pronto cinco— Iglesias herejes se repartían el territorio de las diócesis católicas de Narbona, Carcasona, Tolosa, Albi y Cahors, e incluso Agen: en el condado de Tolosa, en el condado de Foix y en el vizcondado de Carcasona, Béziers, Albi y Limoux, el cristianismo de los albigenses, denso pero estructurado, implantaba sin mayor obstáculo su dinámica religiosa y llegaría a conocer un verdadero tiempo de gracia.

■ *Por oscuros motivos personales, por problemas de costumbres que arrojaban la sombra de la duda sobre la validez de los sacramentos otorgados —y no a causa de peleas dogmáticas—, la Iglesia cátara italiana estalló hacia finales del siglo XII en varios focos antagónicos. Los inquisidores del siglo XIII centrarían desmesuradamente el tema de estas disensiones en una rivalidad de escuelas dualistas, que en realidad nunca tuvo grandes consecuencias. Estos rostros de piedra adornan la iglesia de Montsaunès, en Haute-Garonne.*

44

Mientras Renania quema a sus cátaros y Champaña a sus publicanos, los Buenos Hombres y Buenas Mujeres abren sus casas comunitarias en las callejuelas del *castrum* occitano, el único «castillo cátaro» verdadero que hubo jamás. De Tolosa a Carcasona, la herejía se ha convertido en la manera más distinguida, y sin embargo la más segura, de conseguir la Salvación.

Capítulo III
BUENOS TIEMPOS PARA LA HEREJÍA

■ *A imagen y semejanza de san Jorge de Cîteaux abatiendo al dragón (a la izquierda), los caballeros de la cristiandad serán llamados por el Papa a una cruzada contra otros príncipes y caballeros cristianos, culpables desde hacía tiempo del pecado de tolerancia hacia la herejía en sus tierras. En la página de la izquierda, las ruinas del castillo de Peyrepertuse.*

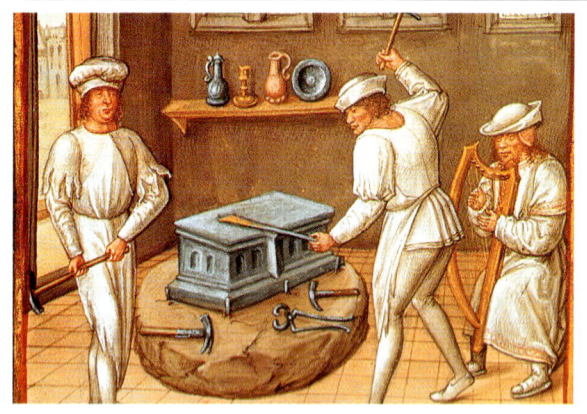

EN EL CORAZÓN DEL *CASTRUM* MERIDIONAL

Porque el pueblo medieval occitano tenía un corazón. Tenía incluso varios: el antiguo castillo feudal alrededor del cual enrollaba sus calles concéntricas, y la plaza pública donde los burgueses, artesanos y campesinos se codeaban con oficiales de justicia, damas y caballeros. Aquí las estructuras de la vivienda favorecían una cierta permeabilidad, inconcebible en otros lugares, entre las clases sociales, en la época se decía los tres órdenes: los que rezan, monjes y clérigos (*oratores*), los que luchan, rey, príncipes y nobles (*bellatores*), y los que trabajan, la inmensa masa de labradores y manipuladores de herramientas (*laboratores*).

En el momento en que Europa se erizaba de castillos, aislando a la casta militar en sus nidos de águila, por encima de la gleba campesina, otra forma de sociabilidad y de modo de vida germinaba en Italia y en Gascuña. Las poblaciones rurales, a partir de aquel momento estabilizadas en pueblos y encuadradas, tanto aquí como en otras partes, por el poder señorial y el sistema de feudos, no se instalaron a una respetuosa distancia de la fortaleza feudal: las casas de los pueblos se agrupaban en círculo, en la cumbre de las

■ *Los recientes progresos de la arqueología han puesto de manifiesto el* incastellamento: *entre el siglo XI y el XIV, en la Europa mediterránea, la población se agrupó en pueblos fortificados de trazado circular alrededor de la torre feudal (burgo castral) o de la iglesia parroquial (burgo eclesial). Aquí, el pueblo de Bram, en Aude.*

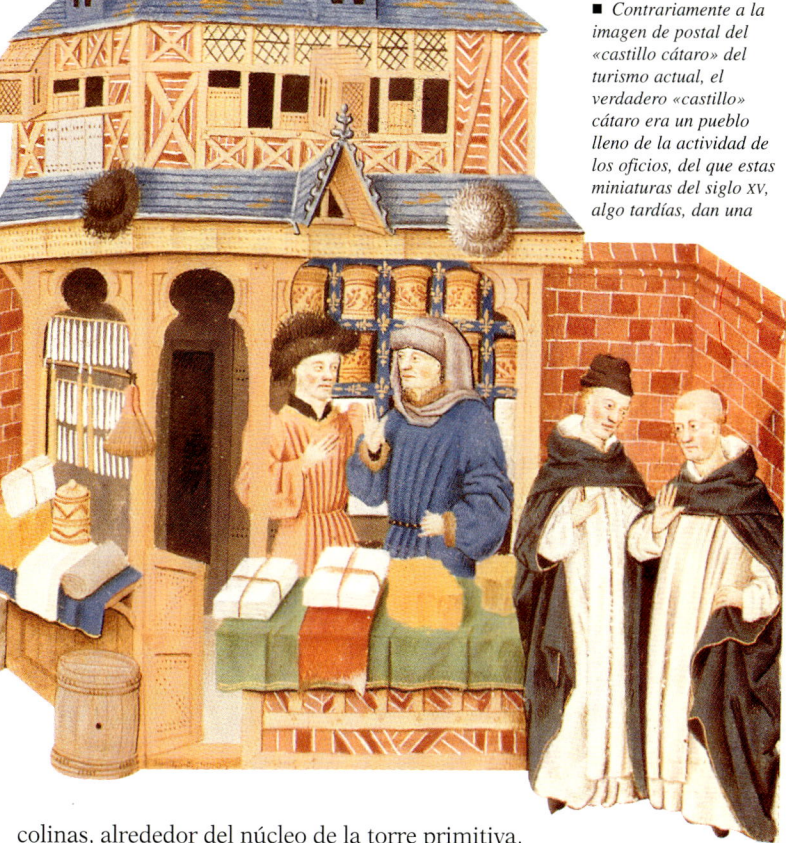

PUEBLOS-CASTILLO 47

■ *Contrariamente a la imagen de postal del «castillo cátaro» del turismo actual, el verdadero «castillo» cátaro era un pueblo lleno de la actividad de los oficios, del que estas miniaturas del siglo XV, algo tardías, dan una imagen aproximada. La realidad del* castrum *occitano remite los «castillos cátaros» a su función de fortalezas reales francesas de la frontera aragonesa, edificados por los reyes a finales del siglo XIII y a principios del XIV, reformados más tarde hasta el siglo XVI.*

colinas, alrededor del núcleo de la torre primitiva, y el conjunto se rodeó con murallas. La palabra *castrum*, procedente del latín medieval, en la Europa meridional no hace referencia a un castillo sino a un pueblo fortificado.

En el momento en que los textos nos revelan una fuerte implantación y la organización de obispados cátaros en el Languedoc, entre finales del siglo XII y los primeros años del XIII, aparecen muchos de estos pueblos-castillo densamente poblados, en los que resuena el ruido de los oficios de los artesanos —herreros, tejedores—, animados por ferias y mercados, administrados ya por *consulats* elegidos,

48 BUENOS TIEMPOS PARA LA HEREJÍA

■ *Los linajes de los grandes príncipes occitanos, los vizcondes de Trencavel, los condes de Tolosa, los condes de Foix, ejercían en el siglo XII el derecho de primogenitura por filiación patrilineal que regía el conjunto del feudalismo europeo. La familia de los condes de Foix se adhirió muy pronto al catarismo. Gastón III Febo, conde de Foix y Béarn, autor de varios tratados como este libro de caza (imagen superior), era bizniento de condes y condesas cátaras.*

capaces de templar los poderes señoriales. La misma casta aristocrática presenta un carácter floreciente, desbordante de vida y un poco anárquica. El sistema del linaje patrilineal que garantiza sólo al hijo mayor del señor del feudo la herencia exclusiva del conjunto de derechos y tierras, que caracterizaba tradicionalmente a la sociedad feudal en los países de derecho consuetudinario germánico, tardó mucho en imponerse en este lugar. Por ejemplo, hacia 1230, el señorío del Mas-Saintes-Puelles, en el Lauragais, era colectivo, dividido entre cinco hermanos. La ausencia del derecho de primogenitura en el derecho consuetudinario de origen romano, que estructuraba la sociedad feudal occitana, determinó en la práctica un sistema señorial original, pujante y difuso, que permitía el poder ejercido en conjunto y el reparto de las rentas entre señores o «parsoniers», entre los que había hermanos, primos o primos segundos, incluso primas.

A esta amplia familia nobiliaria, que desbordaba de la vieja torre feudal para instalarse en viviendas más cómodas de la población, algunas veces alquiladas a los burgueses, se añadía toda una clientela de caballeros rurales, con sus damas y sus gentes. Toda esta población, más o menos aristocrática, convivía en las calles del *castrum* con los tenderos y campesinos y contemporizaba con la burguesía del *consulat*. La palabra y el gesto pasaban de un orden de la sociedad a otro. *Laboratores* y *bellatores* frecuentaban la misma plaza pública; los *oratores*, que aquí se llamaban Buenos Cristianos o Buenos Hombres y Buenas Mujeres, pero en otros lugares se denominaban herejes, abrían sus casas religiosas a lo largo de las mismas callejuelas. El cristianismo cátaro se difundió así como moda religiosa en el

■ *Los vasallos y segundos vasallos de los condes, al contrario que estos últimos, practicaban frecuentemente el señorío colectivo, y por estos linajes nacientes, las mismas damas podían llegar a ser señores. Esto no tenía nada que ver por supuesto con la famosa ley sálica (imagen superior), que prohibía a las princesas capetas heredar la corona de Francia (manuscrito del siglo VIII). En términos generales, la caballería meridional mantuvo un carácter menesteroso y rural, sin conocer la verdadera sacralización cristiana que la ideología gregoriana y más tarde las novelas del Grial conferirían a la caballería francesa.*

A la izquierda, imagen de un caballero de la población fortificada de Cordes.

EL CRISTIANISMO NORMAL EN LA BUENA SOCIEDAD

Desde 1145, la misión de Bernardo de Claraval en las regiones de Albi y de Tolosa revelaba las fuertes tendencias de la aristocracia de los burgos al anticlericalismo más crudo, lo que la llevaba a tener simpatías heréticas. De hecho, esta pequeña y mediana nobleza, necesitada y populosa, aunque orgullosa, vasalla de los Trencavel o de los condes de Tolosa, hacía tiempo que había desviado en su favor, para vivir generosamente según su rango, los impuestos y cánones que sus campesinos debían a la Iglesia, los famosos diezmos eclesiásticos que el papado reformador quiso entonces recuperar. Para los pequeños señores laicos del *castrum*, los fastuosos prelados y las opulentas abadías representaban unos poderosos rivales con unas pretensiones políticas insoportables. Se vengaban mediante burlas y desarrollaban en sus cortes los valores nuevos de una cultura mundana, elegante y espiritual, en ocasiones incluso libertina. Los trovadores, que cantaban al amor profano, también ejercían la sátira más aguda contra

■ *El* trobar *y el* fine amour, *el arte de amar y de componer de los trovadores, brilló en todas las cortes, del Lemosin a Provenza, de Italia a Cataluña, durante dos siglos (a izquierda y derecha, un banquete cortesano). Hay que decir que esta alegría de amor profano de los trovadores desbordó con mucho el «país cátaro» occitano. La normalización religiosa del siglo XIII acabaría con ellos. A finales del siglo XIII, los últimos trovadores cantaban en la corte de Alfonso X el Sabio, el piadoso rey de Castilla. Su dama no era carnal sino celeste: la Virgen María.*

los ricos y los clérigos de Roma. Los señores de señoríos compartidos y los caballeros tendieron de modo cada vez más natural a ver con buenos ojos a esta otra Iglesia cristiana, con su jerarquía episcopal paralela, que implantaba sus casas religiosas en sus pequeños burgos: una Iglesia intelectualmente correcta, que no exigía ni impuestos ni diezmos, que trabajaba para vivir y no pregonaba otra cosa que el distanciamiento del mundo, sus pompas y sus obras. Aunque el resto de Europa la condenara por hereje.

Sin embargo, las damas de esta aristocracia, a las que el *fine amour* de los trovadores y la cultura cortés reconocían valor cordial y sabiduría amorosa, y a las que el derecho consuetudinario meridional permitía

■ *Raimond de Miraval (abajo), que compartía el señorío de un pequeño castrum de Cabardès, también fue uno de los más famosos trovadores de su tiempo, además de amigo del conde Raimundo VI de Tolosa. Compuso sutiles versos de amor en el contexto muy catarizante de las cortes de Cabaret o de Saissac, las casas de Buenas Mujeres de Miraval o de Hautpoul. Cuando llegó la cruzada, dirigió una vibrante llamada al rey Pedro de Aragón: «Si toma la guarida de Carcasona, será emperador de la proeza [...]; entonces podrán damas y amantes recobrar la alegría de amar que han perdido.» En 1213, Pedro intervino junto a Raimundo VI, pero la batalla de Muret fue un desastre; Raimond de Miraval, desposeído por Montfort, murió en el exilio, en Lérida.*

heredar, testar, legar e incluso compartir la autoridad señorial, carecían cruelmente de cualquier salida espiritual. Había una verdadera escasez de monasterios femeninos entre Burdeos y Maguelone-Montpellier, y las damas que querían buscar la salvación de su alma tras una vida colmada de esposa y madre de abundantes linajes, se volvieron con interés hacia esta Iglesia cristiana, independiente de Roma, que abría sus casas religiosas e incluso su sacerdocio a las mujeres. En muchas ocasiones, las bellas damas de los trovadores, al envejecer, se convirtieron en «matriarcas cátaras» (expresión de Michel Roquebert) y dedicaron el final de su vida a la religión, no encerradas en el fondo de un convento sino como directoras de conciencia de su parentela, respetables y respetadas: ése fue el caso de *dame* Garsende, la madre de los cinco señores del Mas-Saintes-Puelles.

En Lombers, en 1165, así como en Verfeil y Albi, en 1145, la asistencia noble a los debates entre los prelados católicos y la delegación episcopal de los herejes se inclinaba abiertamente hacia estos últimos. El mismo vizconde Trencavel los protegía tanto que las autoridades católicas no pudieron hacer nada más que condenar por principio las posiciones de Sicard Cellerier y amonestar a los señores que compartían el señorío de Lombiers por sus excesivas simpatías hacia la «muy abyecta secta de los tejedores o arrianos». En el año 1177, Raimundo V, conde de Tolosa y católico sincero, dirigía al capítulo general de la orden del Cister una correspondencia angustiada, reclamando ayuda moral y militar contra la herejía estructurada en Iglesias que había invadido su bello condado y las tierras colindantes. «Tengo las manos atadas —escribía—. En

■ *La populosa casta aristocrática occitana, marcada por la cultura laica de los trovadores, y con frecuencia empobrecida por el desmigajamiento material resultante de sus costumbres en relación con la herencia, era incrédula, incluso anticlerical. Roger Trencavel mantuvo prisionero durante mucho tiempo al obispo de Albi; su amigo, Bertrand de Saissac, que había hecho detener al abad de Alet, no tenía más respeto hacia el clero cátaro. No cabe duda de que esta nobleza no vio con buenos ojos una Iglesia sin pretensión temporal. Mafre Emergaud, en su Bréviaire d'Amour (página derecha, escenas de la corte), intentó moralizar las conductas aristocráticas.*

EL APOYO DE LA ARISTOCRACIA 53

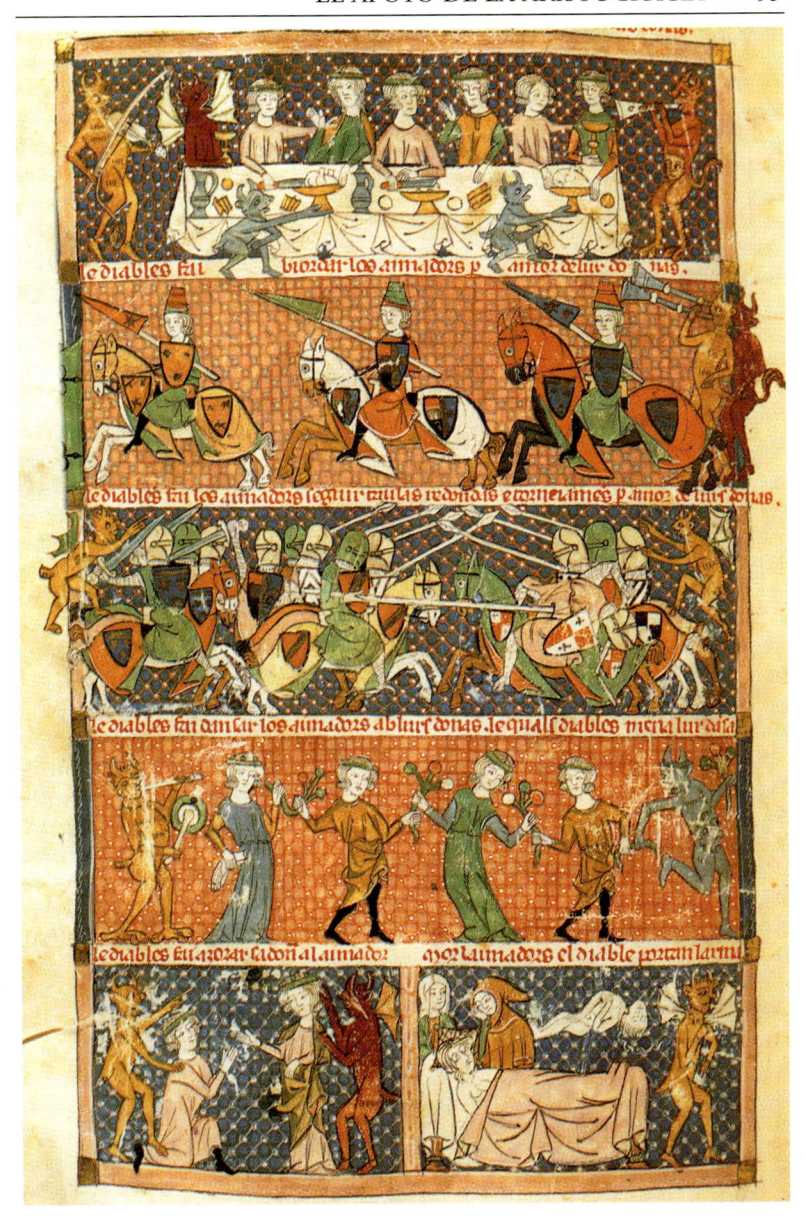

esencia, mis vasallos y segundos vasallos son favorables a los herejes y los protegen abiertamente.»

De hecho, la pequeña y mediana aristocracia de las aldeas occitanas aportaba el grueso de los efectivos de las casas comunitarias de los Buenos Hombres y las Buenas Mujeres, y los mismos príncipes se sumaban a ellos: Roger Trencavel, vizconde de Carcasona, Albi y Béziers, con su esposa Azalaïs de Tolosa, frecuentaban y honraban a cristianos y creyentes herejes; desde los últimos años del siglo XII, las damas de la familia condal de Foix participaban en la religión cátara; en Tolosa, Raimundo VI, conde a partir de 1194, se mostraba abierto y tolerante hacia los Buenos Hombres y su obispo de la región de Tolosa, mientras que su padre, Raimundo V, había sido intransigente.

En Occitania, el cristianismo cátaro aparecía sin duda como una manera especialmente distinguida de conseguir la salvación del alma; en todo caso, el sostén de las clases dirigentes le aseguraba plena libertad de expansión. La relación de fuerzas prohibía aquí a las autoridades católicas esta política de represión física que acosaba y quemaba a los herejes en muchos lugares de Europa.

■ *En el contexto de las sociedades cultivadas de las cortes occitanas, ilustrado por estos personajes del arte románico tolosano (a izquierda y derecha) y por el sello del conde Raimundo VII (más abajo), al igual que en las ciudades italianas, los religiosos cátaros escribían. Nos han llegado cinco libros cátaros. Tres son italianos: el escolástico* Libro de los dos principios *de Juan de Lugio (hacia 1240), el ritual latino copiado a continuación y el ritual en occitano alpino conservado actualmente en Dublín (fines del XIV). Dos libros son de origen languedociano: un tratado anónimo en latín (hacia 1220) y el ritual occitano conservado en Lyon. Son libros de verdadera reflexión teológica cristiana.*

RELIGIOSOS EN EL SIGLO

Todos los documentos coinciden en presentarnos al evangelismo cátaro penetrando por arriba, por las castas dirigentes en la sociedad occitana medieval. Es un hecho que en el contexto extremadamente

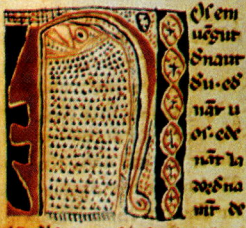

UNA MANERA DISTINGUIDA DE CONSEGUIR LA SALVACIÓN

El ritual de Lyon (a la izquierda) aparece copiado a continuación de una Biblia cátara, traducción íntegra al occitano del Nuevo Testamento. Es el único manuscrito cátaro con imágenes que nos ha llegado. Aquí aparece el inicio del servici o culpa colectiva: «Hemos venido ante Dios, ante vosotros y ante el orden de la santa Iglesia...»

favorable de la sociabilidad del *castrum*, la opción religiosa de las elites nobiliarias y culturales fue fácilmente reproducida, como simple fenómeno de moda, por el conjunto de la población; que el entusiasmo de las bellas damas por los Buenos Hombres predicadores, su prisa por entrar en las órdenes religiosas cátaras, debió de suscitar muchas vocaciones entre las mujeres de artesanos y de campesinos del lugar; que el favor que los grandes profesaban abiertamente por esta Iglesia le dio legitimidad a los ojos del pueblo cristiano de los pequeños burgos.

Pero el catarismo llevaba en sí mismo suficientes argumentos para fundamentar su legitimidad cristiana y atraer los favores populares. Intentemos describirlo y analizarlo por sí mismo y no a través del discurso condenatorio —con frecuencia mal entendido— de sus adversarios. Nos han llegado suficientes textos de origen específicamente herético que, tras contrastarlos con otras fuentes, nos permiten aventurarnos. De entrada, para poder captar mejor las realidades de lo vivido, intentemos adoptar la terminología que se usaba entonces en el seno de la población creyente y abandonemos los vocablos externos y malévolos de hereje, cátaro, perfecto o perfecta para adoptar el de Buenos Hombres , Buenas Mujeres o Buenos/as Cristianos/as.

Allí donde el poder político se mostró lo bastante tolerante como para que pudiera estructurarse en obispados e instalar sus casas religiosas en el corazón de los burgos, como fue el caso de muchos de los señoríos vasallos de Tolosa, Foix o Carcasona-Albi, así como en las ciudades del norte de Italia, el cristianismo de los Buenos Hombres presentó el rostro de una Iglesia visiblemente apostólica. Mientras que los monjes católicos, hasta principios del siglo XIII, huían de la sociedad, edificaban sus monasterios en valles perdidos y no se manifestaban al pueblo cristiano más que a través de ciertos predicadores cistercienses de

■ *En las aldeas del vizcondado de Carcasona (a la derecha, arriba), del condado de Foix (a la derecha, abajo) o el condado de Tolosa, había numerosas casas comunitarias cátaras. Los establecimientos femeninos, en particular, desempeñaban una verdadera función hospitalaria. Las Buenas Mujeres recibían a su mesa, curaban a los enfermos, acogían a los viajeros, socorrían a los indigentes. El papel de la mujer en la Iglesia cátara era más amplio y más activo que el de las monjas católicas.*

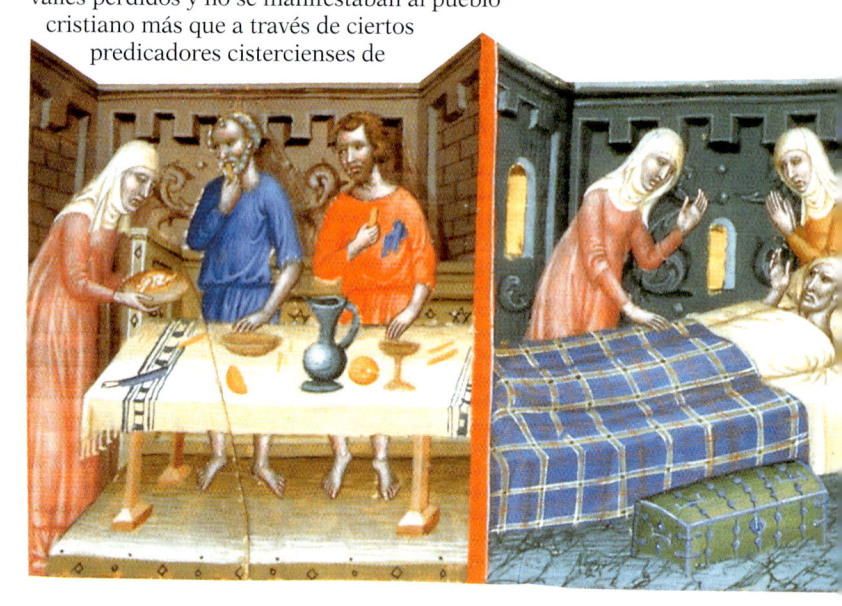

palabra distante, las casas cátaras se abrían en las calles mismas de los burgos. Con esta práctica de instalar los conventos en las poblaciones se anticipaban a las futuras órdenes mendicantes, a las que en realidad servirían de modelo.

Sin embargo, a diferencia de los monasterios y conventos católicos, las casas de los Buenos Cristianos ignoraban toda clausura: sus religiosos y monjes salían de ellas libremente, y los habitantes del pueblo podían entrar. Practicaban el culto, liturgias y ascesis rituales de modo transparente, y con frecuencia en público. Cualquier vecino podía constatar *de visu* que estos religiosos y religiosas vestidos

■ *Como sus hermanos, las mujeres tenían derecho a rezar —cosa que hacían generalmente en el seno de hogares creyentes, ante auditorios femeninos— e incluso a administrar, en caso de necesidad, el sacramento de la salvación del alma. Hasta el tiempo de la Inquisición, y a pesar de las hogueras colectivas de la cruzada, fueron numerosas en el seno del clero cátaro. Esta adhesión de las mujeres a una forma de cristianismo que les reconocía autoridad espiritual y religiosa, consolidó el éxito en masa del catarismo occitano.*

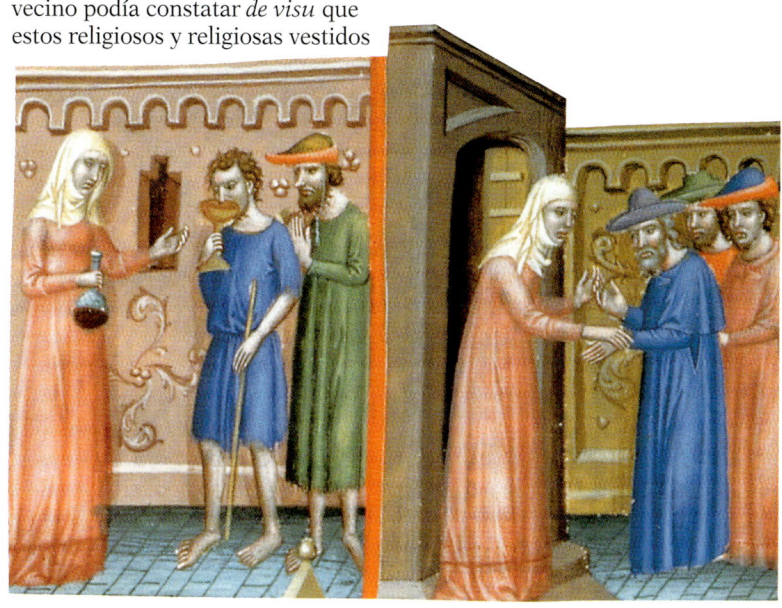

de negro tomaban con rigor el modelo de los apóstoles en la pobreza, abstinencia y castidad, siguiendo el Evangelio como única regla, no consumiendo ningún producto cárnico, rechazando matar cualquier animal y trabajando con sus propias manos para vivir. Las casas de los Buenos Hombres y Buenas Mujeres eran al mismo tiempo talleres, escuelas y hospicios, intensos focos de expansión que garantizaban una presencia religiosa fuerte y atractiva entre el pueblo cristiano de los burgos.

Estas comunidades religiosas recibían en sus casas la visita mensual de un diácono que les administraba una liturgia de penitencia colectiva, equivalente a la culpa monástica católica. Los diáconos estaban designados por la jerarquía episcopal de cada Iglesia, que estaba administrada por un consejo presidido por el obispo y sus dos coadjutores, un Hijo mayor y un Hijo menor. Cuando moría el obispo era sucedido por el Hijo mayor, que había recibido ya la ordenación episcopal, y la Iglesia elegía un nuevo Hijo menor. Esta organización recuerda la de la Iglesia cristiana primitiva. Hacía del cristianismo llamado cátaro una orden religiosa viva que operaba en el siglo, repartida entre diversas Iglesias episcopales autónomas. Los textos originales empleaban los términos

■ *Cuando un o una creyente encontraba a un Buen Hombre o a una Buena Mujer debía saludar con una triple petición de bendición, inclinándose tres veces profundamente: «Buen/a cristiano/na, la bendición de Dios y la vuestra.» A la tercera vez, añadía: «Y rogad a Dios por mí para que haga de mí un buen/a cristiano/na y me conduzca a un buen fin.» A lo que los Buenos Hombres y las Buenas Mujeres respondían con una bendición. Esta fórmula de salutación ritual o* melhorier, *llamada* adoratio *en el lenguaje inquisitorial, equivalía a un compromiso del creyente; el que delante del inquisidor confesaba haberlo practicado, se veía entonces obligado a reconocer también que «los herejes eran Buenos Cristianos y que a través de ellos uno podía salvarse». Los creyentes asistían a los sacramentos y recibían el pan bendito repartido en la mesa de los buenos/as cristianos/as.*

de «orden de la santa Iglesia»: se referían al clero, simultáneamente regular y secular, que una población de fieles o creyentes saludaba ritualmente con una triple reverencia, pidiéndole su bendición y la de Dios.

PREDICADORES DEL EVANGELIO

Pero los religiosos cátaros no se dedicaban sólo a predicar con el ejemplo, con la conformidad apostólica de su vida; también eran predicadores muy escuchados que llevaban la palabra bíblica al seno de los hogares que visitaban, donde leían en voz alta sus libros y comentaban después los versículos de las Sagradas Escrituras, traducidas a lengua románica. El Evangelio estaba así al alcance de todos los oídos, mientras que los sacerdotes y clérigos católicos sólo los citaban en latín. No cabe duda de que ésa fue una de las razones del éxito de los Buenos Cristianos.

Como todos los predicadores cristianos, exhortaban

■ *No debemos imaginarnos a los religiosos cátaros predicando desde el púlpito, salvo tal vez en las catequesis de sus escuelas o para auditorios especialmente solemnes —como Guilhabert de Castres, en Monségur—. La predicación cátara tenía generalmente un carácter confidencial, en la intimidad de una casa particular, para algunas personas reunidas, familia y vecinos. Parte superior, predicación del siglo XIV.*

60

LA CAÍDA DE LOS ÁNGELES Y LA INOCENCIA DE LAS ALMAS

a la conversión con sus miras puestas en la salvación, a partir de las Sagradas Escrituras. Sin embargo, sus enseñanzas insistían particularmente en las realidades invisibles del más allá, en el reino del Padre anunciado por Cristo, y que «no es de este mundo». De los mitos cristianos de la caída de los ángeles y de Lucifer, o del combate entre el arcángel y el dragón del mal, obtenían una confirmación del dualismo evangélico que opone un Dios de bondad y de amor a las bajas realidades de un mundo compartido entre el odio, la mentira y la muerte. En las Sagradas Escrituras insistían en el postulado de un Dios todo bondad frente al de un Dios todopoderoso; oponían el Nuevo Testamento a la antigua Ley y se negaban a asimilar Yahvé / Jehová, el creador celoso y violento que introduce el Génesis, al Padre anunciado por Cristo.

Argumentando el mito de la caída de los ángeles mediante el tema bíblico del éxodo de los hebreos de Egipto, el de las ovejas perdidas de Israel que el Buen Pastor del Evangelio debe recoger, veían en las almas humanas a ángeles caídos en las prisiones carnales de este mundo malvado que no es de Dios. Según la parábola evangélica del árbol bueno y el árbol malo, omnipresente en sus predicaciones, remitían el buen fruto al buen árbol y el mal fruto al mal árbol; es decir, el mundo invisible y luminoso a Dios, y este bajo mundo marcado por la degeneración y la muerte a un mal creador, que llamaron Lucifer, o cualquier otro nombre del diablo. Y las almas de los hombres, ángeles caídos de la creación divina, arrastrados en su caída por el dragón, esperaban la liberación de su exilio terrestre: la salvación del alma por Cristo.

■ *El tema de la caída de los ángeles es omnipresente en la imaginería cristiana medieval y no tiene nada de heterodoxa. Se encuentra aquí (página de la izquierda) representada en un manuscrito del siglo XV. Los cátaros leían en él un signo de la inocencia de las almas, creadas buenas por Dios y arrastradas a la caída a pesar de su voluntad; negaban el libre albedrío como un artificio seductor del diablo. Los ángeles de Dios no podían escoger el mal a sabiendas, sólo podían sufrirlo hasta la liberación. Desde su punto de vista, esta liberación del mal era lo que Cristo, buen pastor de las ovejas del pueblo de Dios, había venido a anunciar a los ángeles-almas prisioneros en este bajo mundo, de parte del Padre, como la Buena Nueva evangélica. La única oración de los cátaros era el Padrenuestro, que comentaban y recitaban solemnemente como preludio al sacramento del* consolament, *insistiendo en la fórmula: «Mas líbranos del mal.» A la izquierda, estatuilla del Buen Pastor.*

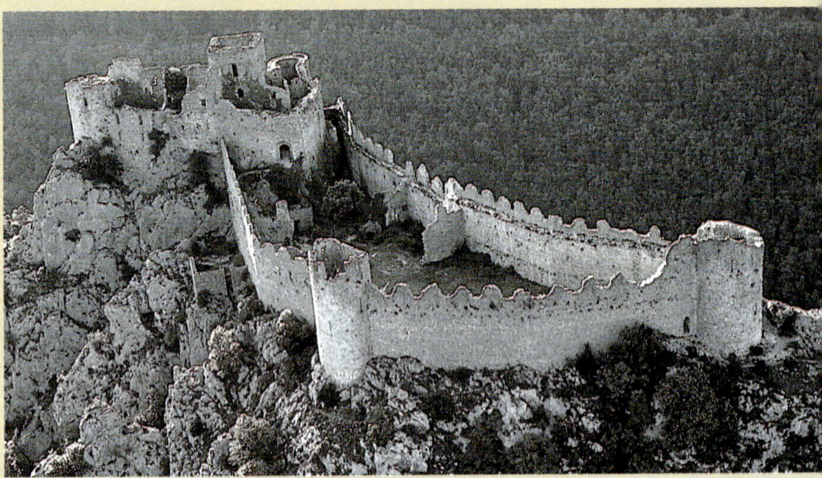

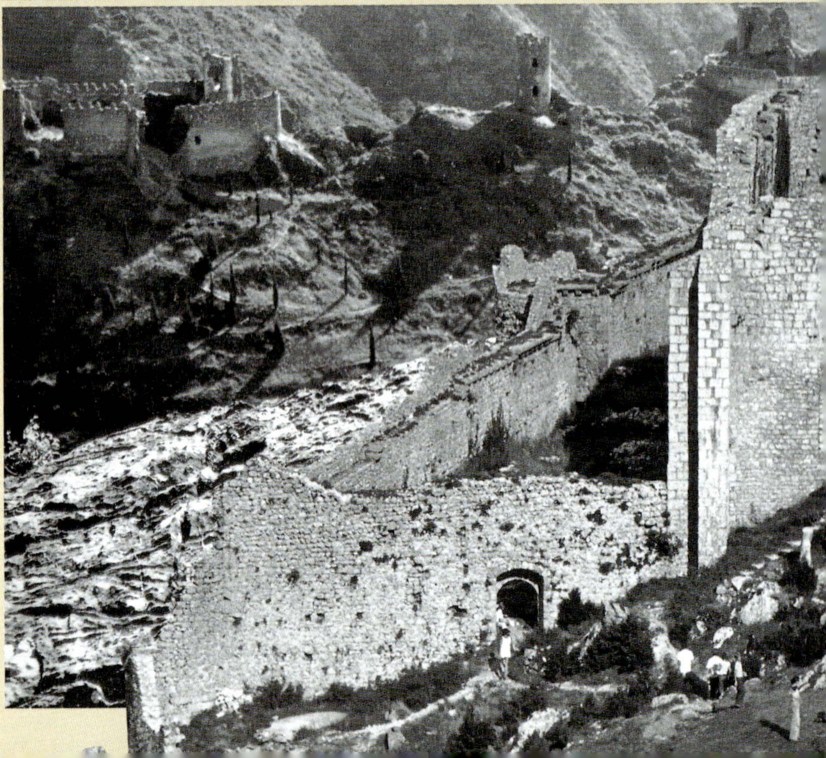

FORTALEZAS REALES

■ *Peyrepertuse (en el centro), Puilaurens (arriba a la izquierda), Lastours (abajo, a la izquierda), Termes (abajo), Puivert (arriba, a la derecha), a los que hay que añadir otros castillos como Quéribus y Roquefixade... Bajo la denominación no controlada de «castillos cátaros» arrastran todos los veranos a miles de turistas convencidos de llevar a cabo en sus ruinas un peregrinaje a las fuentes del catarismo. Sin embargo, para ser fieles a la verdad, deberíamos devolver a estos magníficos castillos de piedra su identidad de fortalezas reales, cosa que no les quita ningún interés turístico. A finales del siglo XIII, los arquitectos de Felipe el Atrevido y Felipe el Hermoso de Francia los edificaron en la frontera de la corona de Aragón, definida de nuevo tras la anexión del Languedoc a la corona de Francia y el tratado de Corbeil de 1258. Se fueron rehabilitando hasta el siglo XVI y no perdieron su valor estratégico hasta la paz de los Pirineos, en 1659.*

Esta cosmogonía, que hoy día puede parecernos extraña y farragosa, se inscribía de modo natural en la cultura cristiana de la época, y los predicadores herejes la fundamentaban sobre un corpus de referencias a las escrituras. Así pretendían predicar el mensaje de Cristo, hijo del único Dios verdadero, enviado por el Padre a este bajo mundo «del que Satán es el príncipe», para llevar a las ovejas perdidas, los ángeles caídos, el medio de la salvación y el regreso a la patria celestial.

EL SACERDOCIO DE LA SALVACIÓN DE LAS ALMAS

A sus ojos, el Padre no había enviado a la tierra a su Hijo para sufrir ni morir en la cruz, sino como mensajero, bajo simple apariencia humana, y no en un cuerpo de carne forjado por el maligno. Por la palabra del Evangelio, la «buena nueva», Cristo debía recordar a los ángeles caídos el reino perdido y el amor del Padre. Los apóstoles tuvieron como misión traer y difundir este mensaje de despertar, destinado a todos los hombres. Antes de regresar al Cielo, Cristo les enseñó entre otras cosas los preceptos de la «ley de vida» —esta «vía de justicia y de verdad» de los Buenos Hombres, que rechazaban la violencia, la mentira y el juramento—, así como los gestos del sacramento que asegura la salvación. Los Buenos Cristianos, herederos directos de los apóstoles, pretendían ser depositarios, a su vez, del poder de atar y desatar los pecados que Cristo les había otorgado. Manifestaban esta característica de la verdadera Iglesia cristiana diciendo el Padrenuestro, bendiciendo y partiendo en su mesa el pan de la palabra divina en memoria de Cristo —como una cena protestante, sin presencia real— y sobre todo practicando el sacramento que remite los pecados y salva las almas, es decir, el bautismo por el Espíritu y la imposición de manos, según ellos el único sacramento fundado en el

■ *La salvación de las almas es un tema recurrente en la iconografía religiosa medieval. Arriba, el pesaje de las almas (catedral de Saint Lazare d'Autun). A la izquierda, Cristo bendiciendo.*

> La herejía esencial de los cátaros, a los ojos de las autoridades católicas, no fue el dualismo de su lectura de la Biblia, que estaba en el ambiente y que ellos sólo desarrollaron poco a poco, sino su concepción de la naturaleza puramente divina de Cristo, lo que permitía compararlos a las grandes herejías paleocristianas —monofisismo, adopcionismo, arrianismo—. Los predicadores cátaros se entregaban a variaciones sobre el tema del docetismo, interpretando al personaje de Cristo como Hijo o ángel de Dios, enviado al mundo bajo simple apariencia humana, «adombrado» en la Virgen María, que en algunas ocasiones se consideraba un ángel del cielo. Por lo tanto, no otorgaban ningún carácter sagrado a la cruz, a sus ojos instrumento de suplicio y de muerte que pertenecía a la panoplia del mal. Si era lógico que este mundo del mal hubiera perseguido a Cristo y a sus apóstoles, la razón de la misión de Cristo no era la de ser perseguido y morir, sino la de entregar su mensaje de Salvación por el Evangelio y el bautismo del Espíritu. La herejía del catarismo consistió en enfrentar el Pentecostés a la Pasión.

Nuevo Testamento y que en realidad representa un rito paleocristiano contrastado.

Así, en las callejuelas de los pequeños burgos occitanos, los Buenos Hombres y las Buenas Mujeres eran tenidos por «Buenos Cristianos, y se consideraba que tenían el más gran poder de salvar las almas». La austeridad y la conformidad apostólica de sus costumbres aparecían como una garantía de la validez de la tradición de salvación de la que decían ser portadores. Ofrecían en gran medida esta esperanza al pueblo cristiano, atravesado por la angustia de la condena eterna, predicando que todas las almas, hijas de Dios verdadero, «eran buenas e iguales entre ellas y que todas se salvarían»; aportaban a todo creyente los medios para la salvación mediante la observación de los preceptos evangélicos y el sacramento del *consolament* (consuelo; toma el nombre del Paráclito, el Espíritu santo «consolador» del Pentecostés), que hacía de él un Buen Cristiano. Este sacramento único hacía las veces de bautismo, penitencia, ordenación y extremaunción.

Del año mil al siglo XIV, lo que distingue y une de manera inequívoca a las Iglesias cátaras y bogomilitas, por encima de mil posibles matices en su predicación de las escrituras, es la práctica de este mismo sacramento único de bautismo por imposición de manos que marca a la Iglesia de los Apóstoles. En los tiempos de tolerancia y libre culto, la jerarquía episcopal se reservó la administración del *consolament* de ordenación de los novicios y dejó a los cristianos de base de las comunidades la administración del *consolament* a los enfermos. Pero todo

■ *El éxito de los cátaros se explica en parte por el hecho de que liberaban a las poblaciones cristianas medievales de la angustia omnipresente del juicio final y del infierno eterno. En el siglo XII, los cátaros llegaron a predicar que la eternidad era de esencia divina y que el mal sólo podía manifestarse en el tiempo, ilusorio y transitorio. El bautismo del Espíritu salvaría a todas las almas. No había más infierno que este mundo. Abajo, a la izquierda, relieve del claustro de Santo Domingo de Silos representando el Pentecostés.*

cristiano o cristiana tenía poder y derecho de perdonar los pecados y salvar las almas mediante el *consolament*, y cuando llegó el momento de las persecuciones todos lo ejercieron, incluidas las Buenas Mujeres.

UN CRISTIANISMO DE LA AUSENCIA DE DIOS

Como ya lo indicaban los Apóstoles de Evervin, los Buenos Cristianos albigenses del siglo XIII se negaban a atribuir a Dios toda responsabilidad y todo poder en este mundo. Eran los predicadores del reino de Dios, que no es «de este mundo, todo entero expuesto al poder del maligno», según los términos del apóstol Juan. En este bajo mundo, campo de la manifestación del mal, veían el único infierno posible, un infierno transitorio, que tendría su fin al final de los tiempos, cuando en la eternidad no quedara más que Dios y su buena creación, con todas las almas de los hombres salvadas y reintegradas.

Esta visión, optimista en relación con el porvenir e

■ *«Pierre Authié [el gran predicador de las doctrinas cátaras] decía que después del fin del mundo todo este mundo visible [...] se consumiría, es lo que llamaba el infierno. Pero todas las almas de los hombres estarían entonces en el paraíso, y en el cielo habría tanta felicidad para un alma como para otra; todas serán una y cada alma amará a todas las demás como a la de su padre, de su madre o de sus hijos...»*
Registro de Inquisición de Jacques Fournier

inflexible con el presente, con las estructuras y los poderes ilusorios de este bajo mundo, determinaba una forma de cristianismo medieval muy original porque no tenía nada de simbólico. Para los Buenos Cristianos, nada visible podía evocar la gloria ni la bondad de Dios. Nada visible era sagrado, ni la cruz ni la paloma. No construyeron templos ni capillas, menos aún castillos, y practicaron el culto y la predicación en casas particulares, al abrigo de un sótano, albergue o claro de un bosque, afirmando que el corazón del hombre es la única Iglesia de Dios. Este racionalismo anticipado los vio atacar las supersticiones católicas —después del año mil— y sostener propuestas llenas de humor, como por ejemplo: «No es Dios quien produce las buenas cosechas, sino el estiércol que se pone en la tierra», o «¿Por qué te prosternas ante esta estatua? ¿Has olvidado que la ha tallado un hombre en un trozo de madera con una herramienta de hierro?».

Esta ausencia de Dios, al igual que de toda expresión de una voluntad divina en este mundo, siempre disuadió a las Iglesias de estos Buenos Cristianos de mezclarse en las cuestiones del siglo, cosa que los aristócratas occitanos reprochaban insistentemente a la gran Iglesia. Así como no existe arte cátaro, tampoco puede existir una concepción cátara de un orden político y social de origen divino, un derecho divino, una violencia justa ni una guerra santa. En este bajo mundo sometido y gobernado por las violencias del mal, todas las almas humanas —almas de hombre o de mujer, de príncipe o de pobre, de hereje o de prelado, almas de infiel, de judío o de monje cisterciense— eran para ellos buenas e iguales entre sí, dado su origen celestial, y a todas ellas, sin discriminación, la conversión y la bondad de Dios estaban abiertas con la promesa de la salvación.

■ *La teología cátara era fundamentalmente igualitarista. Daba por hecho, en un momento de antisemitismo creciente, que las almas de los judíos y las de los sarracenos (abajo) se salvarían igual que las de los inquisidores.*

UNA TEOLOGÍA IGUALITARIA 69

■ *De la misma manera que no creían en el libre albedrío, los cátaros tampoco creían en el pecado original: «No se entiende cómo unos ángeles creados buenos habrían podido odiar la bondad, similar a ellos y que existía por toda la eternidad, y pasar a amar el mal»* (Libro de los dos principios). *La verdadera naturaleza del alma, creada por Dios, es buena. Liberaban así a la mujer de la falta de Eva, fundamento de la misoginia bíblica.*

■ *Las estelas discoidales (página de la izquierda), numerosas en el Lauragais y presentes también en toda Europa, son monumentos de arte popular, con frecuencia tardío. La mayoría están agrupadas alrededor de las iglesias y han servido como estelas funerarias; las que tienen las armas de Tolosa son simples hitos. Se ha querido ver en ellas, de manera totalmente equivocada, cruces o tumbas cátaras. Su simbolismo es de inspiración cristiana general y se sabe que la Inquisición se encargó de destruir todas las sepulturas conocidas de herejes.*

En el corazón de los señoríos abiertamente favorables al cristianismo de los Buenos Hombres, la convivencia entre religiosos herejes y clero católico se producía por lo general sin conflictos. Los fieles se apuntaban casi siempre a las dos Iglesias a la vez: mejor dos posibilidades de salvación que una sola. Se vio a curas vivir en alguna comunidad de Buenos Hombres, o al obispo católico de Carcasona no inquietarse por ser hijo de una Buena Dama y hermano de dos Buenos Hombres. El tiempo de las persecuciones, tras la conquista real y católica, alteraría profundamente esta sociedad, rompería sus solidaridades hasta el mismo seno del corazón familiar, haciendo del hereje objeto de exclusión y de infamia.

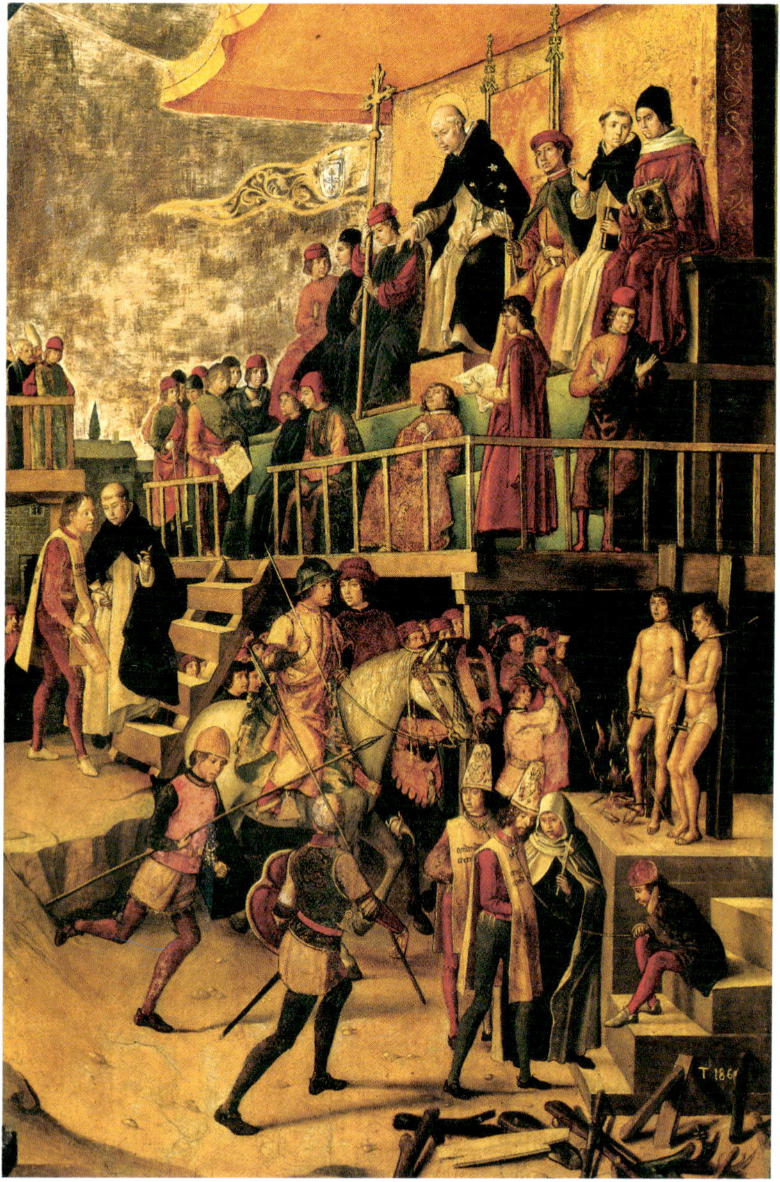
T 186

Una guerra puede ser el mejor medio para arrancar de raíz una fe bien anclada en una población? A pesar de sus grandes hogueras colectivas, la cruzada contra los albigenses habría sido un fracaso en este terreno si la victoria del rey no hubiera dejado al Papa las manos libres para programar, en el país sometido, la actuación de la Inquisición.

Capítulo IV
LA ALIANZA DEL PAPA Y DEL REY DE FRANCIA

■ *La irrupción de la cruzada significó el fracaso del intento de reconquista de las almas por la persuasión a la que el hermano Domingo (a la derecha, el sueño de san Domingo) se dedicaba desde hacía varios años en el Languedoc. Pero la pastoral dominica respaldaría eficazmente a la Inquisición.*

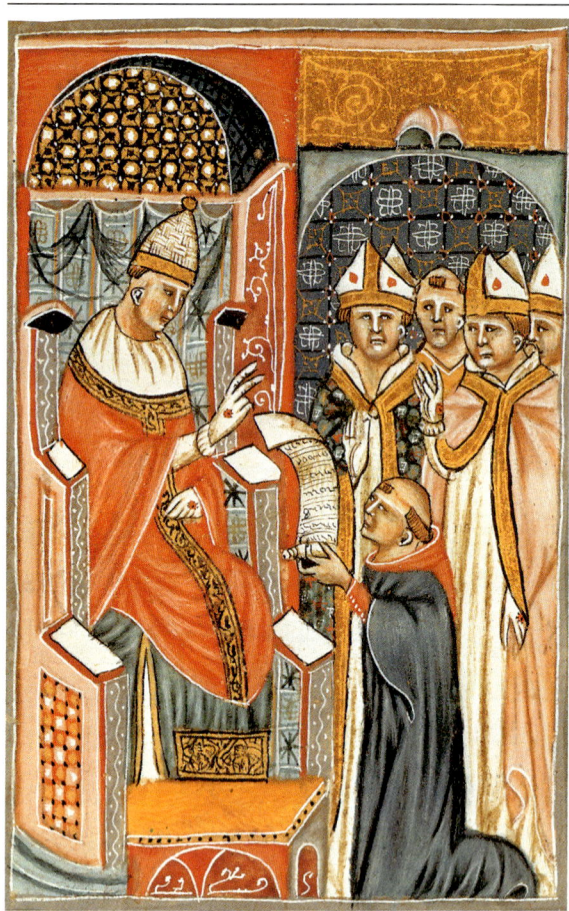

> La decretal de Verona, promulgada por el papa Lucio III tras su acuerdo con el emperador Federico en el año 1184, coordina las medidas contra los herejes elaboradas en el curso del siglo XII y organiza la inquisición episcopal.

Le primer faiz du Po Comment estatute p...

Los obispos deberán visitar de manera sistemática y regular las parroquias de su diócesis y recibir el testimonio bajo juramento de la población en relación con la actividad de los herejes. Es un primer paso hacia la Inquisición propiamente dicha, que creará el papa Gregorio IX en 1233 (a la izquierda).

LAS ARMAS DE LA CRISTIANDAD OCCIDENTAL

A mediados del siglo XII, las autoridades católicas —obispos y arzobispos, concilios y papado—, que dudaban todavía respecto a la actitud que debían adoptar hacia los herejes que ellas mismas señalaban y denunciaban, empezaron a dotarse de un verdadero arsenal jurídico de represión y exclusión. A partir de aquel momento, estos Apóstoles de Satán que se llaman a sí mismos Pobres de Cristo son sistemáticamente buscados y perseguidos, condenados

LA CREACIÓN DE LA INQUISICIÓN

y ejecutados por el poder judicial de los obispos de su diócesis.

El concilio de Reims de 1157 y la decretal de Verona de 1184 organizan esta inquisición episcopal y coordinan las primeras medidas contra los herejes a escala europea. En Vézelay (1167), Reims (1180), Estrasburgo, Lille, Douai, La Charité-sur-Loire y otros lugares flamean las hogueras.

Los quemados son tanto mujeres como hombres, simples laicos y burgueses, aunque también hay clérigos letrados de las iglesias. Hacia el año 1200, en Nevers, el mismo deán del cabildo episcopal es condenado por herejía; su sobrino, el canónigo Guillaume, huye con un compañero hacia el Languedoc, donde los Buenos Hombres todavía viven en paz.

Tolosa, la hereje

En Tolosa, mientras el buen católico Raimundo V es conde, el Papa puede enviar legaciones, y el legado del Papa puede intervenir con una predicación vigorosa respaldada por la fuerza. Así, en 1178 y 1181, el legado Henry de Marcy, abad cisterciense de Clairvaux (Claraval), puede humillar a un burgués de Tolosa partidario de la herejía e incluso forzar a abjurar al mismo obispo cátaro de la región de Tolosa, al que inmediatamente convierte en canónigo de Saint-Sernin, pero sólo puede excomulgar de lejos al vizconde Trencavel y a su esposa Azalaïs.

Raimundo VI de Tolosa, conde a partir de 1194, tolerante —o indiferente— hacia los Buenos Hombres, como intransigente era su padre, hace cesar toda presión sobre la Iglesia. A partir de ese momento, los

■ *La condena a la hoguera para los herejes es un uso propio de la Edad Media (abajo, escena de la cruzada). En el siglo IV, Prisciliano de Ávila había sido decapitado. El fuego responde, como método de saneamiento, a la asimilación de la herejía al contagio por peste o lepra, a la «pestilencia hereje». Reducir a cenizas al hereje, muerto o vivo, es también, desde el punto de vista religioso, marcarlo con el signo de la condena eterna. El hereje no está «inscrito en el libro de Vida». No participa en la resurrección de la carne en el día del juicio final. A la izquierda, bula pontificia con la efigie de san Pedro y san Pablo.*

prelados cistercienses y el legado del papa no tienen más que el peso de sus predicaciones contrarias para oponerse al evangelismo herético en el Languedoc. Puede decirse que fracasan por completo. Se producen confrontaciones teológicas libres bajo el arbitraje y la protección de los señores locales, de sólido anticlericalismo. Así sucede en Carcasona, Montréal, Servian —donde el anciano canónigo Guillaume de Nevers se manifiesta como uno de los mejores oradores cátaros—, Fanjeaux y Pamiers. La vocación del hermano Domingo nacerá en el seno de estos controvertidos debates: un día de 1206 en que asistía con el corazón en duelo, al aplastamiento de los prelados del Papa, Raoul de Fontfroide y el legado Pierre de Castelnau, se sobresalta ante la imagen apostólica que, en contraste, ofrecen los herejes: decide emplear sus propias armas y partir a la reconquista de las conciencias cristianas del Languedoc predicando en la humildad y la pobreza.

Pero la iniciativa de Domingo, que le llevará a la fundación de la orden de los hermanos predicadores o dominicos, no llegará a dar sus frutos en el debate libre. Desde 1209, la guerra selló la constatación del

■ *La leyenda del milagro del libro de santo Domingo es sin duda de origen católico. En una ocasión en que se celebraba un debate teológico contrapuesto, como los que se ponían en práctica en el Languedoc antes de la cruzada, los doctores cátaros y católicos quedaron empatados según el punto de vista de los testigos laicos; entonces Domingo confió al juicio de Dios mediante el fuego a los dos libelos; las propuestas heréticas habrían quedado reducidas a cenizas, en tanto que el fascículo ortodoxo saltó despedido e indemne de las llamas en varias ocasiones, hasta golpear y ennegrecer una viga del techo. Los teólogos cátaros, que no creían en milagros ni ordalías, no habrían podido aceptar semejante trato. Sin embargo, esta leyenda ilustra bien el clima de tensión intelectual que reinaba antes de la irrupción de la guerra; tenía que ser extremadamente difícil dar la victoria a uno u otro campo, que se lanzaban a la cabeza citas de las Escrituras y argumentos de carácter gramatical.*

UN PAPA DE COMBATE

fracaso de la predicación católica. Mientras en la plaza pública del *castrum* de Laurac, cuya dama es superiora de una casa de Buenas Mujeres, el diácono cátaro Isarn de Castres discute sobre teología con valdenses y católicos, y mientras toda la aristocracia de Fanjeaux, damas, caballeros y señores de señoríos compartidos, se entusiasma con las brillantes prédicas del Hijo mayor de la región de Tolosa, Guilhabert de Castres, coadjutor del obispo cátaro Gaucelm, el Papa de Roma prepara un restablecimiento del orden.

INOCENCIO III

Inocencio III, Papa desde 1198, es un personaje de gran talla. Como jurista de formación, lleva la ideología de la teocracia pontifical a su punto culminante; proclama la «plenitud del poder» de la Santa Sede sobre los soberanos y, dado que Dios le ha confiado «la dirección del mundo», se declara «jefe de Europa». Puede decirse que dedicó sus dieciocho años de papado a reorganizar la cristiandad a su gusto. En mayor medida que sus predecesores, considera inaceptable que sectores enteros de esta cristiandad se burlen de los sacramentos de Roma, tanto del bautismo como de la eucaristía, se nieguen a pagar los diezmos y pongan en ridículo a sus legados. En el concilio de Letrán de 1215, define el marco estricto de una ortodoxia y de una comunidad de fieles fuera de la cual sólo existen las tinieblas de la exclusión y de la condena eterna. A los herejes refractarios al Credo romano e individuos marginales sin casa ni hogar se les niega el socorro de Dios y la solidaridad de la sociedad,

■ *Lotario, conde de Segni, Papa con el nombre de Inocencio III (al lado), fue un gran jurista, y además un hábil político. En el terreno espiritual se le debe sobre todo el reconocimiento de las vocaciones evangélicas y pobres de Domingo de Guzmán y de Francisco de Asís, que tendrá como resultado la fundación de las órdenes mendicantes, dominicos o hermanos predicadores, y franciscanos o hermanos menores, que iban a marcar el renacimiento de la religiosidad cristiana. Treinta años antes, la intransigencia de la Iglesia había rechazado a Valdo de Lyon y a los valdenses por considerar que sus doctrinas constituían un cisma, y más tarde una herejía. La lucha contra la herejía y las hogueras que la acompañan sobrevivirán hasta el siglo XVIII (arriba, un condenado tocado con una mitra untada de pez).*

LA ALIANZA DEL PAPA Y DEL REY DE FRANCIA

son excomulgados y sometidos a un poder judicial de derecho divino. Pero el nombre de Inocencio III está ligado sobre todo a la cruzada contra los albigenses.

En el año 1208, con el pretexto para atacar a Tolosa del asesinato de su legado, el cisterciense Pedro de Castelnau, Inocencio III llama a los guerreros de Occidente a una cruzada en tierras cristianas. Es el resultado del espíritu de cruzada, puesto en marcha desde finales del siglo XI contra los infieles. A partir de entonces, las tierras y los bienes de los señores que protegen abiertamente la herejía quedan expuestos a la rapiña: es lícito desposeerlos de éstos, es justo exterminarlos, «Dios lo quiere».

Se prometen indulgencias celestiales para sus pecados y recompensas materiales en este mundo a los guerreros que venguen con las armas el honor de Dios. El rey de Francia, Felipe Augusto, todavía no tiene argumentos que

■ *La cruzada, iniciada con la matanza de Béziers, pronto sembró el terror, que propagó la práctica de las grandes hogueras colectivas ordenadas por el legado del Papa, Arnaud Amaury, abad de Cîteaux. Este mismo prelado, como ha demostrado el historiador Jacques Berlioz, había manifestado en Béziers su buena cultura religiosa extrayendo de los Salmos su célebre consigna: «¡Acabad con ellos, porque Dios conoce a los suyos!» Sobre el mismo tema, escribió también al papa Inocencio III: «La venganza de Dios ha hecho maravillas, hemos matado a todos...» Al lado, un suplicio de herejes en París, en presencia de Felipe Augusto.*

oponer a la empresa del Papa contra sus grandes vasallos de Languedoc; debe dejar que sus barones se alíen en cruzada contra el conde Raimundo VI de Tolosa y contra su sobrino, el joven vizconde de Carcasona, Albi y Béziers, Roger Trencavel.

LA CRUZADA CONTRA LOS ALBIGENSES

De 1209 a 1229, una guerra de veinte años laceró el país entre el valle del Ródano y Quercy. La primera fase, la cruzada de los barones, fue un fracaso para el Papa. A pesar de las grandes hogueras colectivas de Buenos Hombres y Buenas Mujeres (140 quemados en Minerve en el año 1210, 200 en Cassès, 400 en Lavaur en 1211), las matanzas de civiles (Béziers en julio de 1209, Marmande en 1229), las tomas espectaculares de ciudades y castillos (Carcasona y Lavaur, Termes y Minerve) y las grandes batallas de caballería (Montgey en 1211, Muret en 1213), el establecimiento

■ *Poco después de Béziers, en agosto del año 1209, durante la toma de Carcasona por los cruzados (abajo), eliminaron al joven vizconde Raimond Roger Trencavel, lanzándolo al fondo de un calabozo para que muriera en él, y nombraron a un nuevo vizconde por derecho de conquista. Éste fue Simón de Montfort, que se convertía también en el jefe militar de la cruzada.*

en Tolosa y Carcasona, por derecho de conquista, de una nueva dinastía condal sometida a Roma, la de los Montfort, fracasó tras la muerte delante de Tolosa de Simón de Montfort en 1218. Su hijo Amaury no pudo hacer frente a la reconquista de los príncipes occitanos, respaldada por un verdadero levantamiento popular. En 1224, Amaury de Montfort cedía todos sus derechos sobre el Languedoc a la corona de Francia. Luis VIII de Francia, hijo de Felipe Augusto, se apoderó de él inmediatamente, de tal modo que esta guerra, querida y declarada por el Papa, la ganaría el rey.

Pero la alianza de los Capetos, la más poderosa potencia militar occidental, aportaría al papado los medios para imponer su orden religioso y moral sobre la cristiandad pacificada y sumisa. El Languedoc, que había vuelto a encontrarse con sus señores y sus Buenos Hombres, que empezaba a olvidar la guerra y las matanzas, no resistió mucho a la cruzada real que se desencadenó a partir de 1226. En 1229, Raimundo VII, el joven conde de Tolosa, se sometió al rey niño Luis IX y a su madre, la regente de Francia, Blanca de Castilla. Por el tratado de Meaux, ratificado religiosamente en Notre-Dame de París, aceptó someter su condado a la voluntad del rey, se comprometió a perseguir él mismo la herejía y a desmantelar sus plazas fuertes, y cedió la herencia de Tolosa a su hija única Juana, que enviaba a la corte de Francia para que se casara con Alfonso de Poitiers, el hermano menor del rey. Eso equivalía a poner en marcha el

■ *Simón de Montfort (abajo), tras su brillante victoria en Muret sobre las fuerzas unidas de Raimundo VI y Pedro de Aragón (a la izquierda), donde demostró sus cualidades de hombre de guerra, volvió sus ambiciones hacia el condado de Tolosa, que recibirá al mismo tiempo que los vizcondados Trencavel por el concilio de Letrán de 1215. Tenía la intención de fundar una nueva dinastía condal que uniera el Languedoc.*

mecanismo infalible de la incorporación del Languedoc a la corona capeta. En Carcasona, un senescal del rey ya había sustituido a la dinastía de los Trencavel, desposeídos y exiliados en la Corona de Aragón, es decir, *faydits* como la mayoría de sus vasallos.

■ *Raimundo VII de Tolosa, llamado el joven conde, era también un valeroso capitán y un buen estratega. Desde 1216 se situó a la cabeza de la reconquista occitana y atenazó a sus enemigos entre Beaucaire y Tolosa al grito de «Paratge!», que hacía alusión a la nobleza de corazón, valor igualitarista que compartían sus partidarios. Terminó por devolver a los Montfort a Ile de France en 1224. Sin embargo, como su padre Raimundo VI en Saint-Gilles en 1209, tuvo que humillarse ante la Iglesia, en Notre-Dame de París en 1229 (arriba).*

El principio de la clandestinidad

En 1229, tras veinte años de guerra, cuando Carcasona ya era francesa y el conde de Tolosa se sometía a París, la Iglesia cátara seguía muy viva. Ni la cruzada ni las hogueras colectivas habían atajado su dinamismo, que en lo sucesivo estaría aureolado de la gloria del martirio; una guerra no es el mejor sistema para arrancar de raíz una fe. Pero la eliminación mediante la cruzada real de la casta aristocrática meridional que era su sostén activo abría un proceso de crisis irreversible para la Iglesia prohibida. Buenos Hombres y Buenas Mujeres, diáconos y obispos, con la complicidad de sus creyentes de los pequeños burgos y bajo la protección de bandas de *faydits* armados, pasaron a la clandestinidad. La

Iglesia romana triunfante pretendía desalojarlos de esta clandestinidad remontando las tramas de complicidad, destruyendo las redes de solidaridad de esta sociedad mal sometida. Ésta fue la función de la primera burocracia moderna, puesta en marcha por los juristas de derecho romano de la curia pontificia y las escuelas de Tolosa: el tribunal de la Inquisición.

LAS ÓRDENES MENDICANTES Y LA INQUISICIÓN

Este procedimiento sustituyó a los tribunales de justicia de la mayoría de los obispos —demasiado implicados en los intereses de sus diócesis—, y se

■ *La revuelta de Bernardo Délicieux (arriba) y la rabia de los habitantes de Carcasona durante el 1300 ilustran cierta divergencia de actitud entre franciscanos y dominicos. Asociados en un principio a la Inquisición, los hermanos menores no tardarían en escindirse, en el Midi, entre «conventuales», sometidos a Roma, y «espirituales», seguidores de la pobreza y de la no violencia absoluta del poverello de Asís. La Inquisición no tardó en hacer quemar a los franciscanos espirituales.*

LA INQUISICIÓN, UNA BUROCRACIA EFICAZ

confió a las jóvenes órdenes mendicantes, dominicos y franciscanos. Recibió el nombre de «Encuesta sobre la perversidad hereje» (*Inquisitio heretice pravitatis*), se fundamentaba en la verificación de testimonios y autorizaba al acusado a defenderse, y no cabe duda de que supuso un progreso en materia de justicia religiosa en comparación con las técnicas germánicas de ordalía mediante agua o el hierro al rojo. Tuvo una gran eficacia.

En efecto, respaldando la acción judicial con su poder penitencial, este tribunal religioso que sólo dependía del Papa funcionó como un verdadero confesionario itinerante y obligatorio, y utilizó las confesiones religiosas como declaraciones judiciales en relación con los herejes clandestinos y sus ocultos protectores. Escoltados por soldados, secundados por escribas y notarios, los jueces interrogaban a toda la población adulta de los pueblos, apelaban a la delación contra la peste hereje, ese crimen de lesa majestad para con Dios.

La Inquisición mató poco. No era su función. Para eliminar a la Iglesia prohibida, le bastaba con capturar y entregar a la muerte a su clero clandestino. Investigó, intimidó, convirtió la delación en algo sistemático, confiscó los bienes, encarceló a creyentes, persiguió al hereje. Las hogueras individuales sucedieron a las fogatas colectivas de la cruzada. Sus notarios copiaron con cuidado los miles de declaraciones de los pueblos en grandes registros, de los que nos quedan algunos, ofreciendo así al historiador una masa de documentación extraordinaria sobre la población que sufrió y vivió el drama cátaro.

Monségur y la incorporación del Languedoc a Francia

El conde de Tolosa intentó durante mucho tiempo sacudirse el yugo del tratado de 1229 que lo sometía al Papa y al Rey; sus intentos para contraer un nuevo matrimonio estratégico con Sancie de Provenza o

■ *Los procedimientos de la Inquisición fueron eficaces gracias a la práctica, verdaderamente moderna, de registrar las declaraciones. Algunos registros, que llevan al margen los nombres para contrastar distintos testimonios, funcionaban como verdaderos ficheros de investigación. Tras el atentado de Avignonet (1242), el tribunal religioso dejó de ser itinerante y se estableció como la sede de la Inquisición en las ciudades episcopales. A partir de entonces, las poblaciones de los pueblos fueron llevadas, para ser interrogadas, ante los inquisidores de Albi, Tolosa o Carcasona.*

82 LA ALIANZA DEL PAPA Y DEL REY DE FRANCIA

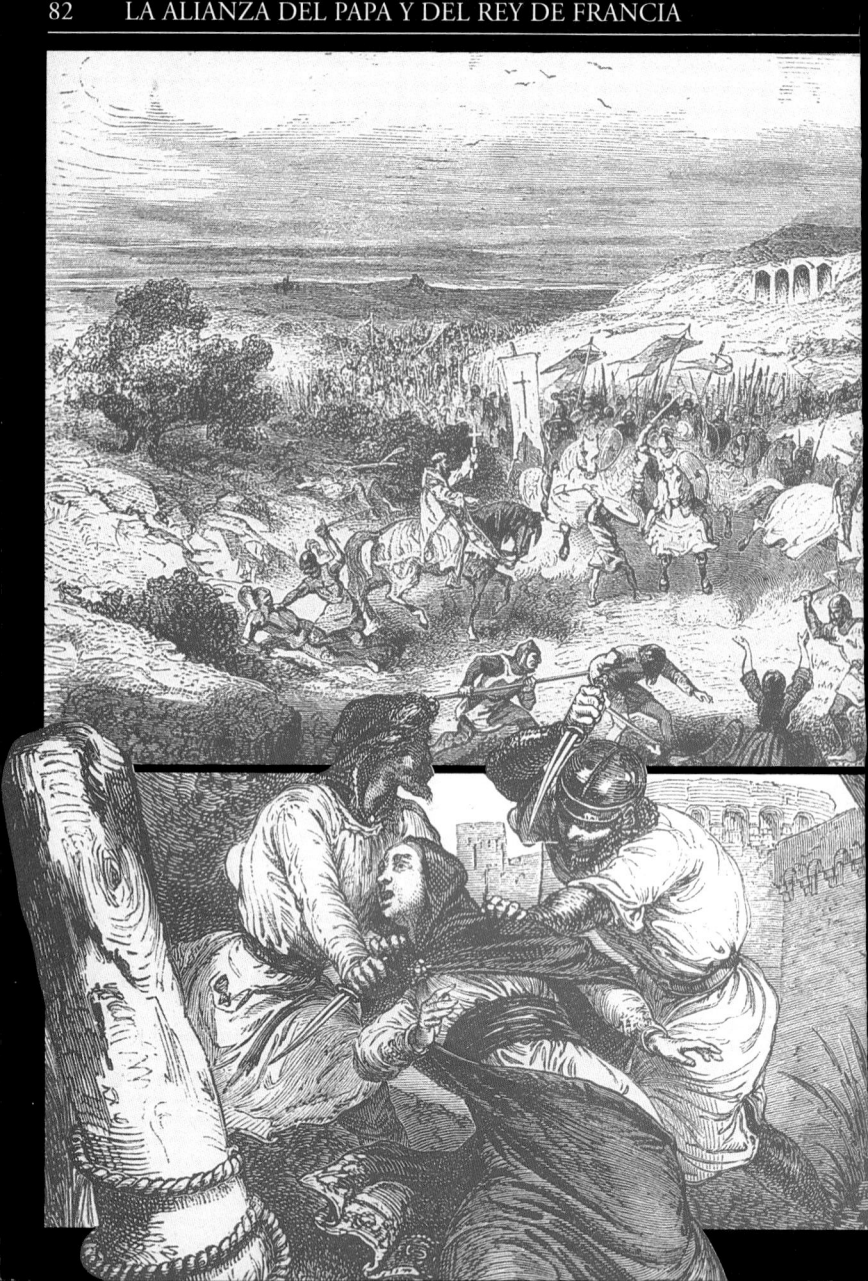

«¡MATADLOS A TODOS!»

■ *La cruzada —de 1209 a 1229— fue un enfrentamiento de atrocidades. Al asesinato del legado del Papa, Pierre de Castelnau, en 1208, por alguien que tenía interés en desencadenar la guerra (abajo, a la izquierda), se respondió con la matanza de Béziers en julio de 1209 (al lado) y un largo cortejo de sitios de ciudades y capturas de civiles (abajo, a la derecha). Al igual que las hogueras colectivas, las mutilaciones de los heridos tenían como fin sembrar el terror. Así se produjo, por orden de Simón de Montfort, la larga procesión hacia Cabaret de los cien prisioneros de Bram con los ojos reventados, nariz y labios cortados, guiados por un desgraciado al que habían dejado un ojo. La imaginería romántica se apoderaría del tema (falsa estatua yacente de Simón de Montfort).*

84 LA ALIANZA DEL PAPA Y DEL REY DE FRANCIA

Marguerite de la Marche, para ver nacer un hijo, fueron constantemente desbaratados por la Santa Sede o bien toparon con una mala suerte pertinaz, de tal modo que el conde, separado de Sancha de Aragón, siguió soltero y la herencia de Juana no pudo volverse a discutir. Sin embargo, Raimundo VII sabía que podía contar con el apoyo de las poblaciones meridionales, que toleraban mal el terror de la Inquisición. Incluso una verdadera sublevación popular echó de Tolosa en 1235 a los dominicos inquisidores, que llegaban a desenterrar de los cementerios los cadáveres de los denunciados como herejes para librarlos a hogueras póstumas. El conde actuó políticamente, consiguió aliarse con el rey de Inglaterra y el conde de la Marche contra el rey de Francia, y dio la señal de inicio a la revuelta popular cuando intervino en la guerra, en mayo de 1242.

Esta señal vino de Monségur, en forma de la ejecución por un comando de *faydits* de los inquisidores instalados con su séquito en Avignonet del Lauragais. El juez dominico y el juez franciscano fueron eliminados; sus registros, destrozados, y el país se sublevó, creyendo liberarse definitivamente de la Inquisición. Pero los aliados de Tolosa fueron abatidos por el ejército francés en Saintes y en Taillebourg; en mayo de 1243, el conde firmaba en Lorris, con Luis IX, una nueva paz por la cual se comprometía a decapitar

■ *El bello y pequeño castillo que ocupa la cumbre del peñón de Monségur no es de la época de los cátaros. Fue construido a finales del siglo XIII o a principios del XIV por un descendiente de Gui de Lévis, un compañero de Simón de Montfort al que le llegó el señorío de Mirepoix y del país de Olmes por derecho de conquista. El Monségur de Raimond de Péreille, que sufrió el sitio del año 1244, era un* castrum *de montaña, un pueblo fortificado agrupado alrededor de una torre señorial y habitado por unas quinientas personas, de las que más de doscientas eran religiosos y religiosas cátaras. La arqueología restituye ahora la fisonomía de este pueblo escalonado en vertiginosas terrazas y los humildes objetos de su vida cotidiana.*

LA GUERRA DEL CONDE

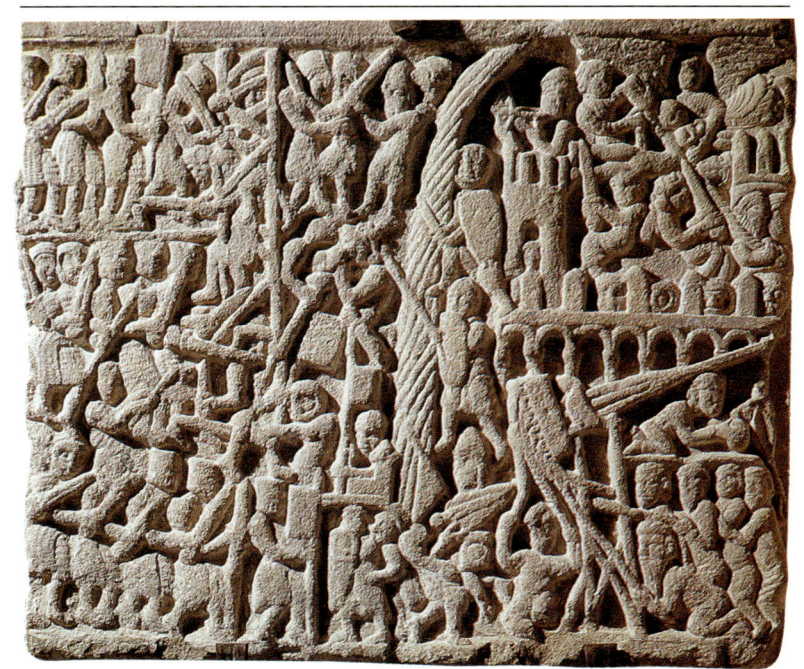

definitivamente al dragón. La hidra de la herejía, cuyas pérfidas cabezas renacían sin cesar, estaba simbolizada, a los ojos de las autoridades reales y católicas, por el *castrum* rebelde de Monségur.

El *castrum* pirenaico de Monségur, «cabeza y sede» de la Iglesia hereje desde que en 1232 los obispos cátaros de la región de Tolosa y Razès obtuvieran allí asilo de Raimond de Péreille, señor del lugar, era también un nido de *faydits*, comprometidos al servicio de los intereses del conde de Tolosa y contra la Inquisición. Esta caballería de Monségur se había significado con la incursión de Avignonet, que el papado no perdonaría jamás.

El derrotado Raimundo VII no pudo evitar que un gran ejército cruzado, dirigido por el senescal real de Carcasona, asediara la plaza desde el verano de 1243. La caída de Monségur, señalada el 16 de marzo de 1244 por la hoguera en que murieron más de doscientos Buenos Hombres y Buenas Mujeres,

■ *Monségur estaba protegido por su situación escarpada. Quince caballeros y cincuenta hombres de armas pudieron hacer frente durante casi un año a un ejército de varios miles de hombres bien equipados (arriba, piedra llamada «del asedio»). Tras la hoguera del 16 de marzo de 1244, la Inquisición interrogó a los supervivientes. Gracias a sus testimonios y a los de la arqueología, la verdadera historia de Monségur emerge de entre un fárrago de falsos misterios.*

significó el fin de las resistencias del conde de Tolosa. Murió en 1249 sin haber podido alterar el tratado de Meaux-París. Como estaba previsto, lo sucedieron su única hija, la condesa Juana, y su yerno, Alfonso de Poitiers; la pareja murió sin herederos en 1271 y el condado de Tolosa se convirtió en senescalado francés, como lo eran ya desde hacía medio siglo el vizcondado de Carcasona y Béziers. La cruzada, guerra santa convocada por el Papa contra los protectores de los herejes albigenses, había terminado con la anexión del Languedoc a la Francia de san Luis.

LA ÚLTIMA CLANDESTINIDAD

En las llamas de Monségur había desaparecido, entre la multitud de comunidades religiosas del lugar, toda la jerarquía episcopal que quedaba a las Iglesias cátaras occitanas: el

■ *La orden de los dominicos, presente en toda Europa, aguzada por la práctica de la Inquisición y su trabajo de elaboración intelectual de las nuevas normas dogmáticas de la cristiandad, fue a partir de entonces la principal herramienta de la* Ecclesia militans, *normalizadora y triunfante (abajo).*

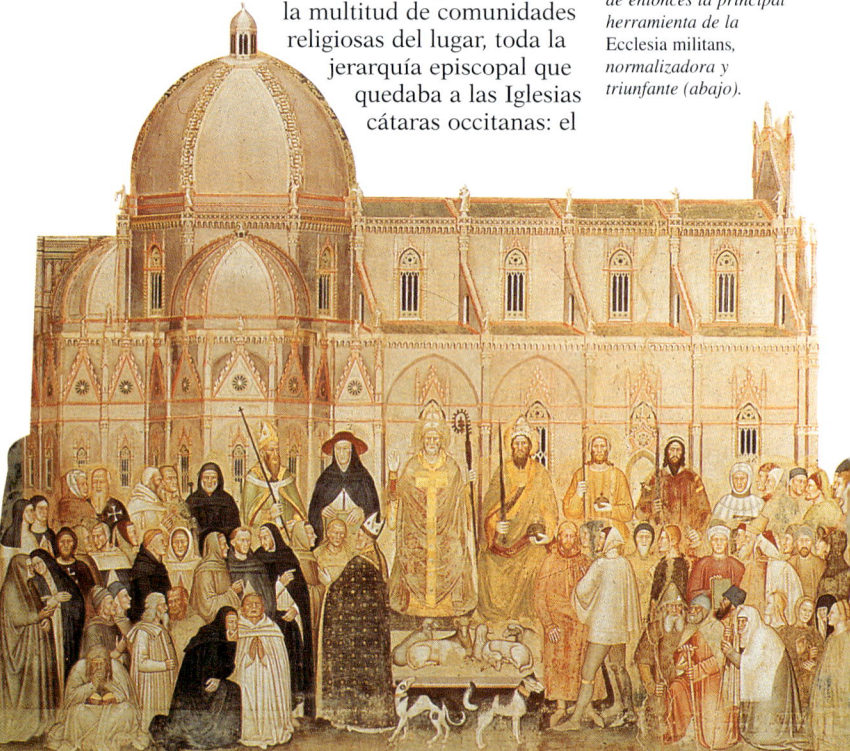

obispo del Toulousain, Bertrand Marty, el obispo de Razès, Raimond Agulher, sus Hijos, sus diáconos. El acontecimiento marcó el fin de toda Iglesia cátara organizada en el Languedoc. La última clandestinidad no tuvo otra alternativa que ser desesperada, y se produjeron oleadas de abjuraciones y de exilios.

Los creyentes demasiado comprometidos y los Buenos Cristianos demasiado aislados se encaminaron a Italia, donde el conflicto de los gibelinos, partidarios del emperador Federico, contra los güelfos, partidarios del Papa, hacía tiempo que proporcionaba una especie de prórroga al cristianismo cátaro. Bien que mal, se reconstruyó una jerarquía occitana. Algunos Buenos Hombres valientes se hicieron ordenar para regresar con la buena palabra al país, pero la Inquisición ya funcionaba en su país sin resistencia y era muy difícil infiltrarse cuando las últimas redes de solidaridad se deshilachaban en una sociedad vigilada y cuadriculada. La predicación de las órdenes mendicantes, en la misa obligatoria de los domingos, tomaba el relevo del evangelismo prohibido de los Buenos Hombres. Al mismo tiempo, la suma teológica del dominico Tomás de Aquino y la herramienta intelectual de la escolástica consagraban la elaboración de una ortodoxia codificada e inalterable; la segunda mitad del siglo XIII vio así la desaparición programada del catarismo.

■ *Este croquis medieval revela de manera realista cómo los condenados a la hoguera estaban sujetos a un poste con las manos atadas. El registro de la Inquisición de Jacques Fournier narra así las circunstancias de la ejecución en la plaza pública de Pamiers, a principios del siglo XIV, del hereje (valdense) Raimond de la Coste: cuando las cuerdas que lo retenían estuvieron devoradas por el fuego, llevó las manos ante sí y las elevó para rezar y bendecir a la multitud. «Es un crimen quemar a tan buen cristiano», habría bramado la gente.*

88

Como simple movimiento de revuelta, el catarismo habría podido someterse y sobrevivir; como Iglesia organizada en un orden episcopal rígido, fue destrozado por la persecución inquisitorial y eliminado de la historia a finales de la Edad Media, mal que les pese a las diversas sectas que, desde el siglo XIX, reivindican absurdamente su herencia.

Capítulo V
LA ELIMINACIÓN DEL CATARISMO

■ *El catarismo occitano desapareció en el siglo XIV en los calabozos de la Inquisición, los Muros (a la izquierda), donde los simples creyentes terminaban sus días. Los creyentes relapsos eran condenados a la hoguera, igual que los herejes: es decir, los Buenos Hombres.*

El último enfrentamiento

Sin embargo, a principios del siglo XIV las doctrinas cátaras seguían vivas en Occitania. En un momento en que el mundo había cambiado, en que la tumultuosa sociedad que vivía en los *castra* —que un siglo antes unía parentelas aristocráticas, damas, tenderos y campesinos en el respeto común a los Buenos Cristianos de los pequeños burgos— había dado paso a un orden señorial jerarquizado bajo la autoridad real, mientras la Europa de las monarquías centralizadoras ya tendía a liberarse de las pretensiones de la teocracia pontificia, el viejo catarismo predicaba todavía que el mundo, que no es de Dios, no podía reconocer a la verdadera Iglesia de Dios, y que la Iglesia perseguidora no podía ser la Iglesia de Cristo, de la misma manera que un mal árbol no podía producir buenos frutos.

Un último sobresalto suscitó los fervores populares. Entre 1300 y 1310, una pequeña Iglesia se reconstituyó entre la región de los Pirineos y Quercy, entre Gascuña y el Lauragais, y se benefició del apoyo activo de una población creyente, todavía numerosa y ferviente, como si la brasa sólo necesitara un soplo para volver a inflamarse. La iniciativa procedió de Pierre y Guilhem Authié, dos hermanos de la buena sociedad del condado de

Foix, notarios de Ax, a los que una vocación súbita y profunda empujó a buscar, en el refugio de Italia, la enseñanza y la ordenación por parte de los últimos jirones de la jerarquía cátara que todavía quedaban. Regresaron convertidos en Buenos Hombres poco antes del año 1300 e iniciaron una reconquista religiosa metódica, apoyándose en sus familias y clientela, reactivando las viejas redes dormidas, y a punto estuvieron de triunfar.

Los Buenos Hombres y los inquisidores se libraron a una verdadera carrera de velocidad. La única esperanza de la pequeña Iglesia residía en su capacidad para dispersarse, creando nuevos núcleos.

■ *El monarca francés y sus oficiales aparecieron alguna vez, a los ojos de la población del Languedoc, como una protección contra las exigencias de la Inquisición (a la izquierda, el rey por derecho divino, tal como se veía en el siglo XIII).*

■ *Pierre Authié, notario condal antes de su conversión y pariente del conde Roger Bernard III de Foix, es autor de varios textos oficiales en relación con el condominio de Andorra. El original de esta acta de 1284 fue escrito de su puño y letra. Nos habría gustado que esta copia de la época que lleva su nombre, Petrus Auterii (penúltima línea, a la izquierda), fuera también un autógrafo, el único que tendríamos de un Buen Hombre cátaro del Languedoc, y no precisamente uno de los menos importantes.*

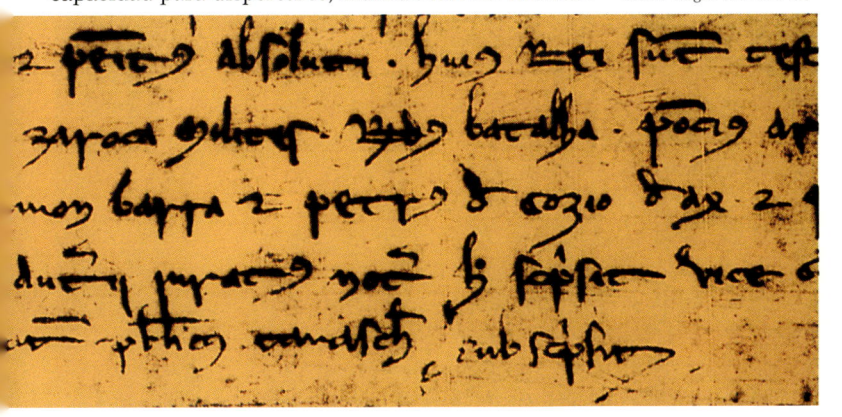

Pierre Authié se dedicó a suscitar vocaciones, enseñar, ordenar nuevos religiosos, capaces a su vez de evangelizar y bautizar; los inquisidores, Geoffroy d'Ablis en Carcasona, y Bernard Gui en Tolosa, respondieron mediante operaciones policiales tan masivas como minuciosas. Uno tras otro, de Montaillou a Tolosa, los últimos Buenos Hombres fueron capturados, juzgados y quemados en las explanadas delante de las catedrales. Así murió el catarismo, víctima también de su rigidez como Iglesia, de su incapacidad para renovar sus jerarquías en la prisa y la angustia de las batidas.

Si hubiera sido un simple movimiento de protesta, habría podido someterse y vivir clandestinamente; como Iglesia constituida y jerarquizada, con clero y sacramento, pudo ser destrozada. El día en que desapareció el último Buen Hombre en las llamas de una hoguera, fuera Pierre Authié ante la catedral de Saint-Etienne de Tolosa en abril de 1310 o Guilhem Bélibaste en Villerouge-Termenès en 1321, su Iglesia desapareció con él, aunque siguiera viva la fe de unos cuantos creyentes. Nadie podía declararse Buen Cristiano de modo espontáneo sin las enseñanzas y la imposición de manos de otro Buen Cristiano que le transmitiera el Espíritu Santo.

Los registros de la Inquisición nos han conservado uno de los temas esenciales de la predicación de

■ *Los estigmas de san Francisco son el símbolo de la mística franciscana de la encarnación.*

Pierre Authié, que responde como un eco, pasando por encima de dos siglos a los Apóstoles renanos de Evervin de Steinfeld: «Hay dos Iglesias, una huye y perdona; la otra se apodera y mata.»

LA DESAPARICIÓN DE LA HISTORIA

La Inquisición terminó con la Iglesia cátara occitana en el primer tercio del siglo XIV. Pronto no quedaron en las mentalidades populares meridionales más que un duradero resentimiento anticlerical y el recuerdo de fragmentos literales del Evangelio que pudieron, llegado el momento, fertilizar el terreno para la eclosión de la Reforma protestante. Entretanto, la espiritualidad cristiana occidental se había renovado por completo en el marco de la ortodoxia codificada del tomismo gracias a la aportación de la nueva mística franciscana. La imaginería gótica de la Pasión, que basaba la grandeza de Dios en la encarnación y la humanidad doliente de Cristo, relegó el viejo catarismo románico al rango de las religiosidades de otra época, de un tiempo en el que toda la cristiandad estaba marcada por el maniqueísmo. Si el cristianismo cátaro no hubiera sido perseguido y eliminado, tal vez se habría ido extinguiendo lentamente por sí solo.

De Italia, donde la Inquisición no intervino hasta una generación más tarde, no fue desarraigado por completo hasta principios del siglo XV. En Bulgaria y en Bosnia, donde nunca fue realmente perseguido, desapareció a finales del siglo XIV apagado por la conquista turca. De Francia y de los países germánicos, donde una persecución permanente nunca le había permitido implantarse en profundidad, había sido extirpado por la violencia de misiones preinquisitoriales sanguinarias hacia el primer tercio del siglo XIII.

■ *Los registros de la Inquisición del siglo XIII (arriba), debido al carácter global de su documentación, permiten evaluaciones en cifras. Los del siglo XIV son más ricos en detalles. El registro de Jacques Fournier (1318-1325) nos permite reconstituir la vida cotidiana de los últimos Buenos Hombres acorralados, oír un eco de sus predicaciones, con frecuencia no exento de humor. Así se expresaba Guilhem Bélibaste cuando explicaba que debía fingirse católico para despistar a los posibles espías: «Después de todo, se puede rezar a Dios en la iglesia, igual que en cualquier otro sitio. [...] ¿La hostia? ¡Habría que tener muy poco apetito para no comer esa galletita!»*

LA ELIMINACIÓN DEL CATARISMO

La hoguera de Monségur de 1244 respondía a la hoguera de 1239 en el mont Aimé, en Champaña.

EL RETROCESO DE LA HISTORIA

Durante mucho tiempo, la historia de la herejía sólo fue escrita por autores del campo de los vencedores, teólogos católicos, basándose en documentos contrarios a los herejes, esencialmente las grandes sumas teológicas que los dominicos inquisidores del siglo XIII italiano habían redactado para rechazarla y aplastarla. A partir del siglo XIX, esta tradición negativa se combinó con todo un andamiaje de mitos y especulaciones esotéricas todavía vigentes en la actualidad.

La mirada del historiador debe ser ecuánime. Su vocación no es la de intervenir para excluir o coronar, apenarse por las víctimas y juzgar a los verdugos del pasado, sino la de intentar construir un puente entre los vivos de hoy y los de ayer o anteayer. Hoy, en el terreno del catarismo, este trabajo puede apoyarse sobre una cantidad y calidad de materiales muy superiores a los que disponían los comentaristas del siglo XIX, que no podían hacer otra cosa que repetir, siguiendo a los inquisidores, que los cátaros eran maniqueos medievales, dañinos y peligrosos para el porvenir del Occidente cristiano... e incluso que eran magos orientales, poseedores de los secretos de Osiris y de Pitágoras.

Los descubrimientos recientes —a mediados del siglo XX— y la atención cada vez mayor que se dedica a documentos de origen auténticamente cátaro, dos tratados y tres rituales, han dado una nueva orientación a las perspectivas sobre la gran herejía medieval, que de hecho aparece infinitamente más cercana a su prima hermana, la religiosidad católica,

■ *En el curso de los siglos, el carácter simplemente cristiano e incluso neotestamentario del catarismo debía enmascararse bajo disfraces orientales, maniqueos, incluso budistas. La historia medieval le devuelve ahora su contexto, este cristianismo románico meridional en el que tan bien se inscribió.*

de lo que se suponía.

La extraordinaria mina de información que constituyen los archivos de la Inquisición nos permite devolver la herejía al contexto de la cultura cristiana de la Edad Media, a las experiencias vitales de los creyentes y sus familias, un pueblo cristiano bastante normal.

El trabajo histórico, que consiste en confrontar con una visión crítica las distintas fuentes escritas y aclarar las informaciones que nos dan a la luz de su contexto histórico en sentido amplio, despoja a la silueta hereje medieval de los mantos de la maledicencia y de los mitos que la deformaban, y le devuelve su palabra de no violencia evangélica en el seno del cristianismo de las catedrales. Apóstoles de Satán o pobres de Cristo, cátaros o Buenos Hombres, el testimonio que dieron de su fe merece todo nuestro respeto.

■ *La hoguera de Monségur, cuyo emplazamiento e importancia se descubrieron de nuevo y popularizó en el siglo XIX el pastor Napoléon Peyrat, el «Michelet del Midi», debe seguir siendo un símbolo. No tanto de la lucha de un pueblo (el catarismo no es una etnia) por su libertad (noción poco medieval) como una advertencia ante la perpetua tentación de la intolerancia.*

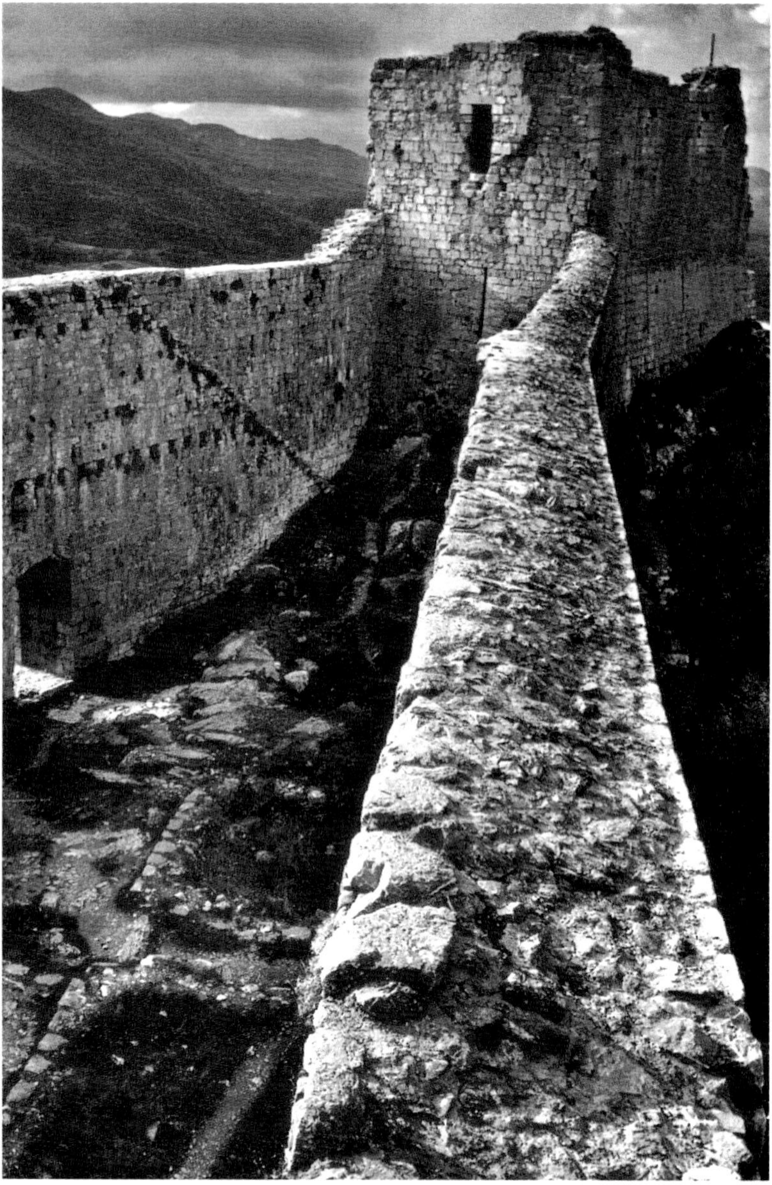

TESTIMONIOS Y DOCUMENTOS

«Antes de ser quemado, Pierre Authié declaró
que si se le dejaba predicar una vez más
a la multitud la convertiría toda a su fe.»

Registro de Jacques Fournier

Escritos cátaros

El ritual cátaro es bien conocido a través de tres manuscritos: el de Lyon, el de Florencia y el de Dublín, así como por los numerosos testimonios de la Inquisición. Se basa principalmente en tres ceremonias: la transmisión de la oración dominical, el oficio y el consolament *propiamente dicho.*

El ritual occitano de Lyon

El oficio o aparelhament *era una liturgia de penitencia colectiva administrada por el diácono en su visita mensual a la comunidad.*

Hemos comparecido ante Dios y ante vosotros y ante la Orden de la santa Iglesia para recibir oficio y perdón y penitencia por todos los pecados cometidos, dichos o pensados desde nuestro nacimiento hasta ahora, y pedimos misericordia a Dios y a vosotros para que roguéis por nosotros al Padre Santo y que éste nos perdone.

Adoremos a Dios y expresemos todos nuestros pecados y nuestras numerosas graves ofensas contra el Padre y el Hijo, contra el venerado Espíritu Santo y los venerados santos Evangelios, y los venerados santos Apóstoles, mediante la oración y la fe, y por la salvación de todos los leales gloriosos cristianos y de los bienaventurados antepasados que duermen (en sus tumbas) y de los hermanos que nos rodean, y ante ti, Santo Señor, para que nos perdones todos nuestros pecados. *Benedicite parcite nobis.* [...] Oh, Señor, juzga y condena los vicios de la carne, no tengas piedad con la carne nacida de la corrupción, pero ten piedad del espíritu aprisionado y concédenos días y horas de peticiones de gracia y de ayuno, oración y predicación, como es costumbre de los buenos cristianos, para que no seamos juzgados ni condenados en el día del juicio como los felones. *Benedicite parcite nobis.*

Recepción del *consolament*

El consolament *o bautismo espiritual era el único sacramento practicado por los cátaros.*

Y si debe ser *consolado* de inmediato, que haga el *melhorier* (la «veneración») y que tome el libro de la mano del anciano. Éste debe amonestarlo y predicarle con testimonios adecuados y con las palabras adecuadas para una «consolación». Que le hable así:

«Pierre, quieres recibir el bautismo espiritual (*lo baptisme esperital*) por el cual, en la Iglesia de Dios, se da el Espíritu Santo mediante la santa oración y la imposición de manos de los "buenos hombres".» [...]

Este santo bautismo, por el cual se da el Espíritu Santo, lo ha mantenido la Iglesia de Dios desde los apóstoles hasta hoy, y se ha transmitido a través de los «buenos hombres» hasta ahora, y así seguirá hasta el fin del mundo.

Y tenéis que entender que se ha dado poder a la Iglesia de Dios para atar y desatar, perdonar los pecados o retenerlos, como lo dijo Cristo en el Evangelio de san Juan (XX, 21-23): «Como me envió el Padre, así os envío yo.» Cuando hubo dicho estas cosas, sopló sobre ellos y les dijo: «Recibid el Espíritu Santo; a quienes perdonareis los pecados, les serán perdonados; a quienes se los retuviereis, les serán retenidos.» [...]

A continuación, el creyente debe hacer la veneración (*melhorier*) y decir: «*Parcite nobis.* Por todos los pecados que haya podido hacer, decir, pensar u obrar, pido perdón a Dios, a la Iglesia y a todos vosotros.» Los cristianos dicen entonces: «Por Dios y por nosotros y por la Iglesia, que te sean perdonados, y rogamos a Dios que te perdone.» Tras lo cual, deben consolarlo. Que el Anciano tome el libro (los Evangelios) y se lo ponga sobre la cabeza, y los otros «buenos hombres» le pongan la mano derecha, y que digan los *parcias* y tres *adoremus*, y después: *Pater sancte, suscipe servum tuum in tua justitia, et mitte gratiam tuam et spiritum sanctum tuum super eum.* Que recen a Dios con la Oración, y el que guía el oficio divino debe decir en voz baja la «sextilla», y cuando la «sextilla» esté dicha, debe decir tres *Adoremus* y la Oración una vez en voz alta, y después el Evangelio (de Juan). Y cuando el Evangelio está dicho, deben decir tres *Adoremus*, la *gratia* y los *parcias*. A continuación deben hacer la paz (abrazarse) entre ellos y con el libro. Si hay «creyentes», que hagan también la paz, y que las mujeres «creyentes», si las hay, hagan la paz con el libro y entre ellas. Y después que rueguen a Dios con *double* (oración) y con *veniae* (peticiones de gracia) y la ceremonia ha terminado.

«El ritual occitano de Lyon», en René Nelli, *Écritures cathares*

■ *Ritual cátaro de Dublín, predicación sobre la Iglesia de Dios.*

El ritual occitano de Dublín

Este ritual está compuesto por dos textos: una glosa del Padrenuestro y una predicación sobre la verdadera Iglesia de Dios, definida en contraste con la «malvada Iglesia romana».

Esta Iglesia sufre las persecuciones, las tribulaciones y el martirio en nombre de Cristo, pues él mismo los sufrió con la voluntad de redimir y salvar su Iglesia, y mostrarle, tanto en actos como en palabras, que hasta el final de los siglos tendría que sufrir persecución, vergüenza y maldición, como lo dice el Evangelio de san Juan (Jn 15, 20): «Si me persiguieron a mí, también a vosotros os perseguirán.» Y en el Evangelio de san Mateo dice (Mt 5, 10-12): «Bienaventurados los que padecen persecución por la justicia, porque suyo es el reino de los cielos. Bienaventurados seréis cuando os insulten y persigan y con mentira digan contra vosotros todo género de mal por mí. Alegraos y regocijaos, porque grande será en los cielos vuestra recompensa, pues así persiguieron a los profetas que hubo antes de vosotros.» Y añade (Mt 10, 16): «Os envío como ovejas en medio de lobos.» Y añade más adelante (Mt, 10, 22-23): «Seréis aborrecidos de todos por mi nombre; el que persevere hasta el fin, ése será salvo. Cuando os persigan en una ciudad, huid a otra.»

Advertid hasta qué punto todas estas palabras de Cristo contradicen a la mala Iglesia romana; porque ella no es perseguida, ni por el bien ni por la justicia que hubiese en ella; sino al contrario, ella es la que persigue y da muerte a quien no quiere consentir sus pecados y sus fechorías. Y no huye de ciudad en ciudad, sino que tiene señorío sobre las ciudades y los burgos y las provincias, y reside majestuosamente entre las pompas de este mundo, y es temida por los reyes, emperadores y barones. No es en absoluto como las ovejas entre lobos, sino como los lobos entre las ovejas y carneros; y hace todo lo posible para imponer su imperio sobre los paganos, los judíos y los gentiles, y, sobre todo, persigue y da muerte a la santa Iglesia de Cristo, que sufre todo con paciencia, como hace la oveja que no se defiende del lobo.

El *consolament*

Pero, ante todo esto, los pastores de la Iglesia romana no sienten ninguna vergüenza al decir que son ellos las ovejas y los corderos de Cristo, y dicen que la Iglesia de Cristo, la que persiguen, es la Iglesia de los lobos. ¡Pero esto es insensato, porque siempre los lobos han perseguido y matado a las ovejas, y sería necesario que hoy todo se hubiera vuelto al revés para que las ovejas sintieran tanta rabia como para morder, perseguir y matar a los lobos, y que los lobos tuvieran tanta paciencia como para dejarse comer por las ovejas!

Por esta razón, el apóstol san Juan dice (Jn 13, 13): «No os maravilléis, hermanos, si el mundo os aborrece.»

Esta Iglesia practica el santo bautismo espiritual, es decir, la imposición de manos, que transmite el Espíritu Santo; Juan Bautista dice (Mt 3, 11): «Detrás de mí viene otro que nos bautizará en el Espíritu Santo.» Y así, cuando Nuestro Señor Jesucristo vino de la sede de la grandeza para salvar a su pueblo, enseñó a su santa Iglesia para que bautizara a los demás con este santo bautismo, como dice en

■ *San Pablo. Lámina de marfil procedente del trono llamado de Grado, Milán.*

TESTIMONIOS Y DOCUMENTOS 101

el Evangelio de san Mateo (Mt 28, 19): «Id, pues; enseñad a todas las gentes, bautizándolas en el nombre del Padre y del Hijo y del Espíritu Santo.» Y en el Evangelio de san Marcos, dice (Mr 16, 15-16): «Id por todo el mundo y predicad el Evangelio a toda criatura. El que creyere y fuere bautizado se salvará, mas el que no creyere se condenará.»

Pero la mala Iglesia romana, como mentirosa y sembradora de mentiras que es, dice que Cristo entendía con ello el bautismo con agua material que practicaba Juan Bautista antes de que predicara Cristo. Esto se puede refutar por múltiples razones; porque si el bautismo practicado por la Iglesia romana era el que Cristo enseñó a su Iglesia, todos los que han recibido el bautismo estarían condenados. Cristo dice (Mr 16, 16): «El que no creyere se condenará.» Ahora bien, ellos bautizan a los niños pequeños que no pueden creer ni saber lo que es el bien o el mal; así, por su palabra, los condenan.

«Le Rituel occitan de Dublin», en René Nelli, *Écritures cathares*

Dos predicaciones

Se trata del recuerdo de la predicación de Pierre y Jacques Authié, dos de los últimos Buenos Hombres occitanos, narrado por dos testigos en su declaración ante la Inquisición. La de Pierre Authié relatada por Pierre Maury...

Entonces, dicho hereje [Pierre Authié] me tomó de la mano y me hizo sentar a su lado. Raimond Peyre se sentó delante. El dicho hereje me dijo entonces:

«Pierre, esto me pone muy contento. Me han dicho que serás un buen creyente, si Dios lo quiere, y yo te pondré en el camino de la salvación de Dios, si quieres creerme, como Cristo ha puesto a sus apóstoles, que no mentían ni engañaban. Nosotros llevamos este camino, y te diré el motivo por el que nos llaman herejes: es porque el mundo nos aborrece, y no es sorprendente que el mundo nos aborrezca (1 Jn 3, 13), puesto que ha aborrecido a Nuestro Señor y lo ha perseguido, igual que a sus apóstoles. Y nosotros somos aborrecidos y perseguidos por su Ley, que nosotros observamos con firmeza, y los que son buenos y quieren guardar su fe con constancia, se dejan crucificar y lapidar cuando caen en manos de sus enemigos, como lo hicieron los apóstoles, y se niegan a renegar de una sola palabra de la fe sólida que tienen. Hay dos Iglesias: una huye y perdona, la otra posee y mata; la que huye y perdona es la que sigue el camino recto de los apóstoles: no miente ni engaña. Y esta Iglesia que posee y mata es la Iglesia romana.»

El hereje me preguntó entonces cuál de las dos Iglesias consideraba yo mejor. Le respondí que estaba mal poseer y matar. Entonces el hereje dijo: «Nosotros somos los que seguimos el camino de la verdad, los que huimos y perdonamos.» Le respondí: «Si de verdad lleváis el camino de verdad de los apóstoles, ¿por qué no predicáis, como hacen los curas, en las iglesias?» Y el hereje contestó a esto: «Si hiciésemos eso, la Iglesia romana, que nos aborrece, nos quemaría en seguida.» Le dije entonces: «Pero ¿por qué la Iglesia romana os aborrece tanto?» Y él contestó: «Porque si pudiéramos ir por ahí predicando libremente, dicha Iglesia romana ya no sería apreciada; en efecto, la gente preferiría escoger nuestra fe y no la suya, porque no decimos ni predicamos otra cosa que la verdad, mientras que la Iglesia romana dice grandes mentiras.»

...y la postura de Pierre de Gaillac ante Geoffroy d'Ablis.

[El inquisidor] me preguntó qué decían los herejes [Pierre y Jacques Authié] sobre la Iglesia romana, y contesté que decían que no tenía poder para perdonar los pecados porque, decían, estaba deshonrada y no mostraba más que malas acciones y malos ejemplos, que no seguía el camino de la salvación, sino el de la perdición. Decían también que el pan puesto en el altar y bendecido por las mismas palabras con las que Cristo lo bendijo el día de la Cena con sus apóstoles no era el verdadero cuerpo de Cristo, sino que, por el contrario, era deshonesto e ilusorio decir eso porque este pan es pan de corrupción, producido y nacido de la corrupción. Pero el pan del que Cristo había hablado en el Evangelio: «tomad y comed» (Mt 26, 26), es el Verbo de Dios, y de la sangre dice lo mismo, asimilándola a lo que dice el Evangelio de san Juan: «Al principio era el Verbo, y el Verbo estaba en Dios, y el Verbo era Dios» (Jn 1, 1), porque llegaban a la conclusión de que las Palabras de Dios eran ese pan del que se habla en el Evangelio, y que en consecuencia esta Palabra era el cuerpo de Cristo. [...]

También he dicho y declarado que, según decían, nadie debe adorar la cruz, y que el signo de la cruz no puede en ningún caso servir para nada, puesto que sobre la cruz Dios ha sufrido la muerte y una gran vergüenza. Ponían un ejemplo: si un hombre era colgado de un árbol, este árbol se convertiría para siempre, para sus parientes y amigos, en un objeto de odio que maldecirían y no querrían volver a ver jamás; de la misma manera, el lugar donde Dios, al que debemos amar, fue colgado, deberíamos odiarlo y no soportar su presencia.

En relación con el bautismo, decían también que la Iglesia romana lo practicaba de manera ignara y a pesar de las divinas ordenanzas, puesto que en el Evangelio se lee: «El que haya creído y haya sido bautizado con el agua del Espíritu Santo, etc.» (Mt 3, 11; Mr 16, 16). El agua con que la iglesia Romana bautiza a los niños no es el agua del Espíritu Santo, sino agua de deshonra y corrupción, de tal manera que no puede tener el poder de redimir los pecados, mientras que el agua del Espíritu Santo de la que habla el Evangelio y con la que Dios pidió ser bautizado es el Verbo de Dios y sus buenas obras, y cualquiera que practique esas buenas obras y crea en esta Palabra estará bautizado con el agua del Espíritu Santo.

A propósito del viaje a ultramar, estos herejes añadían que no tenía ningún valor y que los pecados del hombre no eran perdonados por eso, aunque se diga en el Evangelio: «Si alguno quiere venir en pos de mí, niéguese a sí mismo, tome cada día su cruz y sígame» (Mt 16, 24; Mr 8, 34; Lc 9, 23). En verdad, Cristo no designaba así ni quería instituir esta cruz que llevan los que pasan a ultramar, que no es más que objeto de corrupción; sino la cruz de las buenas obras y de la verdadera penitencia y de la observancia de las Palabras de Dios, que es la cruz de Cristo, y quien pone esto en práctica sigue a Cristo, renuncia a sí mismo y toma su cruz, que no es la cruz de corrupción de la que se ha hablado.

«Trois Prédications», en René Nelli, *Écritures cathares*

Hacia la Inquisición

Con la capitulación del conde Raimundo VII de Tolosa en 1229, se daban las condiciones para la elaboración de un sistema de eliminación definitiva de la herejía en el Languedoc. El Papa y los dominicos se dedicaron a ello de inmediato.

«Limpiar el país de la depravación hereje»

La fundación de la Universidad de Tolosa se inserta de modo evidente en un proyecto global de la Iglesia romana bien conocido, manifiesto con toda claridad en las decisiones del Concilio celebrado en Tolosa en noviembre de 1229 y que ha definido el orden nuevo que debe imponerse en el Languedoc. Es notable constatar que son los mismos hombres quienes organizan e inspiran este concilio y los que ponen en marcha la estructura universitaria: el cardenal-legado Romain de Saint-Ange y el obispo Foulque. Es más, es el mismo predicador, Hélinand, quien pronuncia el sermón de inauguración de la universidad y las alocuciones de apertura y clausura del concilio, por lo que la identidad es total.

En el orden del día de la asamblea del concilio aparecen dos puntos: «limpiar de la depravación hereje este país casi virgen para la fe» «y mantener la paz», y resulta interesante ver cómo se llevaron a cabo.

Medidas policiales

Así pues, en primer lugar, se utilizó la represión y se puso en marcha la persecución de los cátaros. Se buscan los «herejes revestidos», es decir, los Perfectos (¡contra ellos sin vacilar!) y también los simples «creyentes» o «adeptos» de la herejía; incluso los «sospechosos», cuya definición (art. 18) merece la pena citar: «los que designen los rumores públicos o los que, denunciados por personas honorables y serias, hayan sido calificados como tales por el obispo». Y se añade a la lista a todos aquellos que hayan ofrecido asilo a los herejes (arts. 1 y 4) o hayan

■ *Sello de Raimundo VII de Tolosa, 1242.*

mostrado tibieza en la persecución (arts. 5, 7 y 11), e incluso todo parroquiano que no haya comulgado tres veces al año, por lo menos, con un sacerdote católico (art. 13).

Evidentemente, el aparato represivo está dotado con grandes medios, lo bastante conocidos como para que sea necesario insistir en ellos. Tal vez resulte más interesante subrayar la empresa de delación generalizada que se organiza. Se trata de una delación remunerada [...] (art. 3 de la capitulación de Raimundo VII) y asimismo planificada de manera sistemática, parroquia por parroquia: se impone la obligación de denunciar, bajo juramento, a todos los hombres de más de catorce años, a todas las mujeres de más de doce años (art. 12); creación de comisiones parroquiales de vigilancia e indagación (art. 11); redacción de listas de catolicidad (arts. 12 y 13)...

«Una paz de clérigos y de franceses»

Las sanciones varían según el grado de sospecha que recaiga sobre los individuos denunciados. Se empieza por las prohibiciones profesionales (prohibición de practicar la medicina, de ejercer funciones de administración pública o privada). Se sigue con la imposición de marcas distintivas consideradas infamantes: no se trata de una estrella amarilla, claro está, sino de una cruz de color vivo sobre la ropa (art. 10). Se persigue para aplicar la pena del calabozo. Por último, está prevista la comparecencia de los supuestos culpables ante las jurisdicciones de excepción: todo está preparado para la Inquisición, aunque ésta todavía no se haya confiado oficialmente a los dominicos (lo que se hará en 1233).

Las medidas destinadas a mantener la paz se sitúan en la misma lógica y están ligadas a las precedentes con habilidad. En realidad, al leer los cánones conciliares se advierte que el abanico de personas acosadas es mucho más amplio que el de los cátaros. El problema de la paz se plantea en el Languedoc desde hace más de doscientos años. En el siglo XI, imponer la paz civil a los depredadores de la aristocracia, cuya violencia y exacciones desangraban al campesinado, era una reivindicación fundamentalmente popular. La Iglesia, en aquel momento bastante cercana a su pueblo, la hizo suya, por lo menos parcialmente. Así nació el movimiento de la paz de Dios y se desarrollaron múltiples asociaciones de paz cuyos miembros se ligaban mediante juramentos de ayuda mutua. El Concilio de 1229 se sitúa, con mucha habilidad, en la línea de las asambleas de paz anteriores (arts. 21, 22, 23 sobre la lucha contra las exacciones), pero desnaturalizando por completo la idea de la Paz: el mantenimiento de la paz aquí sólo es el mantenimiento del orden surgido de las cláusulas del «tratado de París». Y las instituciones de paz son puestas al servicio de la Iglesia y de la Realeza, garantes de este orden. Los «violadores de la paz» se equiparan a los enemigos de la Iglesia y del rey. Éstos son, esencialmente, los *faydits*, es decir, los numerosos caballeros que han sido desposeídos de sus castillos y de sus feudos durante la Cruzada, que han sido empujados al margen de la sociedad y que, de modo abierto o clandestino, continúan el combate. Contra estos «terroristas», el arsenal de medidas dictadas por el Concilio es lúgubremente clásico: asimilación de los resistentes a malhechores comunes (art. 36), detención de rehenes en sus familias (arts. 30, 31),

Ceremonia expiatoria que acompaña al tratado de París. El conde Raimundo VII recibe la absolución de manos del cardenal de Saint-Ange, legado pontificio, en presencia de Luis IX.

organización de expediciones de busca y acoso (art. 39), etc.

Pero más allá de las disposiciones tomadas en función de las circunstancias, si se quiere captar por completo el clima del año 1229 y del período que inicia, hay que analizar el espíritu general del concilio, que va más allá del catarismo y condena todas las desviaciones y disidencias. Por ejemplo, el empeño en llenar los subterráneos (arts. 1 y 3) —los *cluzels* de los registros meridionales— implica la extinción de los viejos cultos paganos autóctonos dedicados a la tierra y a las diosas madres, de los que actualmente se tiene conocimiento, gracias a la arqueología, que se habían mantenido totalmente vivos durante toda la Alta Edad Media. También los judíos son objeto de persecución, si no de modo directo en las actas del concilio, por lo menos en las cláusulas del «tratado de París»: hasta la fecha habían sido perfectamente tolerados e incluso admitidos en los puestos más altos, pero ahora aparecen también como víctimas expiatorias del triunfo de la ortodoxia. En el plano social y político se pueden hacer las mismas constataciones: se disuelven todas las coaliciones, ligas, asociaciones existentes y se prohíbe crear otras nuevas bajo pena de fuertes multas (art. 38). Las sediciones de los vasallos contra sus señores se asimilan al sacrilegio (art. 34). Y la excomunión, lejos de limitarse a sancionar delitos propiamente religiosos, se destina a castigar a cualquiera que ose atentar contra las tierras y fortalezas reales y eclesiásticas (art. 39).

Como último término de la lógica represiva, el mismo Evangelio se considera prohibido (art. 14). Incluso en la versión latina, es demasiado subversivo para dejarlo en manos de los fieles. Se autorizan sólo unos pocos libros piadosos, pero con la condición de que no se traduzcan. En estas condiciones, la palabra de Dios sólo puede llegar al pueblo a través de los clérigos, convertidos en casta sacerdotal rigurosamente cerrada e iluminada por las lecciones de los doctores de la Universidad.

P. Bonnassie, G. Pradalié, *La Capitulation de Raymond VII et la fondation de l'Université de Toulouse (1229-1979)*

Actas del concilio de Tolosa

1. En cada parroquia urbana o rural, los arzobispos y los obispos harán prestar juramento a un sacerdote y a dos o tres laicos de buena reputación (o a más, si es necesario) para que se comprometan a buscar a los herejes que allí vivan. Deberán hacerlo con celo, fidelidad y asiduidad, registrando cada casa y cada subterráneo sospechosos, al igual que los cobertizos, desvanes y todos los posibles escondrijos, que harán destruir. Cuando descubran herejes, sean adeptos, propagandistas o personas que les ofrezcan asilo y protección, después de haber tomado las precauciones necesarias para que no escapen, harán todo lo necesario para denunciarlos rápidamente al arzobispo, a los señores del lugar o a sus bailes, con el fin de que se le inflija el castigo que merezcan.

2. Los abades que disfruten de exención harán lo mismo sobre sus tierras que no estén sometidas a la jurisdicción diocesana.

3. Los señores del país también harán buscar herejes en los pueblos, las casas y los bosques; también harán destruir los cobertizos, las construcciones anexas y todos los refugios subterráneos.

4. Quien permita a sabiendas que un hereje viva en sus tierras, sea por dinero o por cualquier otro motivo, y reconozca los hechos o sea convencido de ellos, perderá para siempre sus bienes; será entregado a su señor, que hará con él lo que corresponda.

5. Si no está clara la complicidad, pero se ha demostrado que alguien por negligencia deja que los herejes frecuenten sus tierras, o bien es acusado de este hecho, sufrirá las penas previstas.

6. La casa donde se descubra un hereje será destruida; el terreno en el que esté construida, será confiscado.

7. El baile que, residiendo en una localidad donde se sospeche la presencia de herejes, muestre poco interés o poca diligencia en buscarlos, verá sus bienes confiscados. Además, no podrá volver a ser baile, ni allí ni en ningún otro lugar. [...]

9. Todo el mundo podrá buscar y detener a los herejes en las tierras de otro: los bailes locales deberán prestarse y colaborar en esta búsqueda. También el baile del rey podrá investigar en las tierras del conde de Tolosa o de otros señores, y recíprocamente.

10. Si unos herejes investidos rechazan la herejía de manera espontánea para volver a la fe católica tras haber reconocido su error, no podrán seguir viviendo donde antes si el lugar es sospechoso de herejía. En señal de rechazo de su antiguo error, llevarán dos cruces, claramente visibles y de un color distinto al de sus vestidos, una al lado derecho y la otra al lado izquierdo. Llevar las cruces no bastará para obtener el perdón, sino que deberán obtener cartas de reconciliación del obispo, otorgadas ante testigos. Estos herejes arrepentidos serán también excluidos de los cargos públicos y castigados con incapacidad jurídica mientras el Papa o su legado no les restituya todos sus derechos tras cumplir la penitencia exigida.

11. Los herejes que, por miedo a la muerte o por otro motivo, pero de modo no espontáneo, regresen a la unidad de la fe católica serán puestos en prisión (*in muro*) por el obispo para que hagan allí penitencia; y se vigilará que no puedan contaminar a nadie. Los que se hagan cargo de sus bienes, deberán atender a sus necesidades según las directrices del obispo; si no tienen nada, el obispo se hará cargo.

Idem

1244 - Monségur

La fortaleza francesa de Monségur no fue un templo, ni siquiera un castillo cátaro, sino que se construyó cincuenta años después del drama que en 1244 tuvo lugar en la cumbre de la plataforma arrasada del «pog», sobre las ruinas del castrum *de Raimond de Péreille, que tenía más de pueblo que de «castillo».*

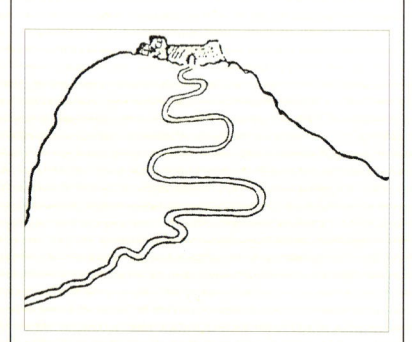

■ *El camino hacia Monségur y, en la página siguiente, el plano del castillo.*

Las cenizas de la libertad

No es necesario decir que el hecho de intentar devolver Monségur al lugar que le corresponde en la historia, es decir, a lo que puede saberse con certeza, tratando con prudencia lo probable y con mayor circunspección todavía lo posible, no le resta un ápice de la trágica grandeza de su destino.

Que Monségur no haya sido nunca un templo solar donde los cátaros habrían celebrado fiestas «maniqueas» al solsticio de verano, fiesta de san Juan Bautista, al que detestaban; que la montaña no esté hueca ni atravesada por túneles y que ninguna catedral subterránea oculte la tumba de Esclarmonda de Foix; que Monségur no haya sido nunca el castillo del Grial, ese símbolo eucarístico con el que los cátaros no tenían nada que ver, puesto que no creían en la presencia real en la eucaristía y se burlaban de la comunión de los católicos; que no se produzcan chispas entre los rayos telúricos y los rayos cósmicos y que el castillo no gire alrededor del eje del mundo no cambia nada, sino al contrario. Todo esto no son más que oropeles que se han ido sumando uno a otro hasta el infinito para echar sobre Monségur una gran capa de pamplinas destinadas a enmascarar y ocultar su sentido: el del combate exaltado y doloroso que, frente a poderes implacables, un puñado de hombres y mujeres llevaron hasta la hoguera en defensa de la forma más alta de libertad, la libertad de conciencia, la de creer en la religión elegida por ellos.

Devuelta a sus dimensiones humanas, a su carne y a su sangre, la historia de Monségur es todavía más desgarradora.

Michel Roquebert,
Introducción a
Monségur, les cendres de la liberté.

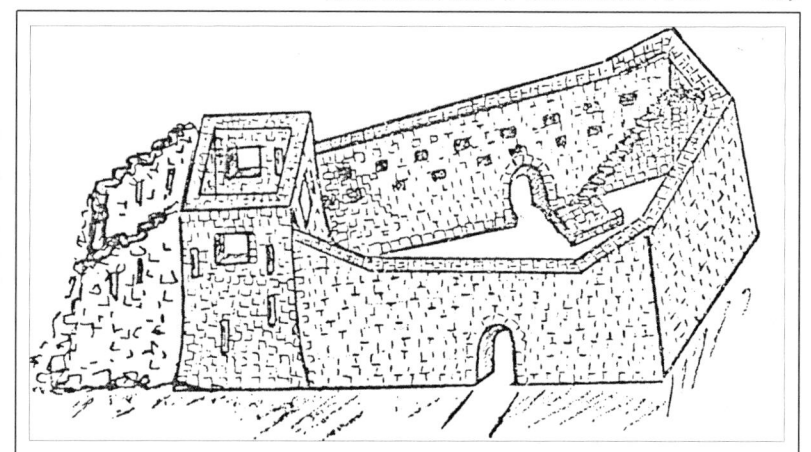

La historia cátara de Monségur

Monségur era un *castrum* de montaña, un lugar alto, fortificado, poblado, intacto por encima del teatro de las batallas. Este enclave de soberanía tolosana, situado en el condado de Foix, pertenecía a los señores de Péreille, cuya familia se había adherido al cristianismo de los Buenos Hombres. Desde los primeros años del siglo XIII, el lugar, que probablemente se había arruinado durante la gran guerra entre Tolosa y Barcelona a finales del siglo XII, albergaba comunidades herejes y formaba un pueblo. La anciana dama del lugar, Fornèira de Péreille, era Buena Cristiana. Su hijo Raimond, joven señor del lugar, se estableció allí a partir de la cruzada y fundó una familia.

Desde el tiempo de la cruzada de los barones, Monségur había servido de refugio a las mujeres y a los hijos de la nobleza de Fanjeaux, así como a la jerarquía de la Iglesia de la región de Tolosa, el obispo Gaucelm y su Hijo Mayor Guilhabert de Castres. Tras la sumisión del conde al tratado de París, a partir de 1229, el lugar reunió, alrededor de la familia señorial de Péreille, pronto condenada por contumacia por la Inquisición, a toda una parentela y un círculo de aliados insumisos y *faydits*. Se formó una pequeña caballería, con sus damas y damiselas, soldados y sargentos de armas. El *castrum* seguía creciendo en torno a la vieja torre feudal de los Péreille. [...]

A partir de 1232, Raimond de Péreille aceptó acoger en Monségur a la jerarquía de las Iglesias cátaras clandestinas de la región de Tolosa, y probablemente de la de Agen y el Razès. Monségur, que ya era polo de resistencia política y militar en relación con el conde de Tolosa, se convirtió en polo de resistencia religiosa en torno al obispo Guilhabert de Castres. Cabeza y sede de la Iglesia prohibida, Monségur era el nudo a partir del cual irradiaban las peligrosas misiones de los Buenos Hombres y las Buenas Mujeres clandestinos sobre la llanura dividida en zonas por la Inquisición, el corazón de una esperanza religiosa viva hacia la que subían fieles y enfermos en busca de un buen fin.

Las casas religiosas se multiplicaban en las escarpadas terrazas del pueblo, adosadas al flanco de la roca, asomadas al precipicio. Abrigos humildes y precarios de madera y adobe, comunicados por redes de callejuelas escalonadas. Las comunidades de Buenas Mujeres hilaban y cosían en las casas; las comunidades de Buenos Hombres confeccionaban farsetos. También el molinero y la panadera del pueblo eran Buenos Cristianos. La población de este extraño *castrum* estaba compuesta por religiosos y soldados, con mujeres y niños.

En vista de que las perspectivas eran cada vez más sombrías, Raimond de Péreille había casado a su hija mayor, Felipa, con Pierre Roger de Mirepoix, caballero capaz de actuar como jefe militar, y había compartido con él el señorío de Monségur. En 1240, Pierre Roger participó con sus *faydits* en la revuelta de Raimond Trencavel. A petición de un enviado del conde de Tolosa, en mayo de 1242 se encargó de organizar la expedición de Avignonet, junto con otro gran *faydit* señor de los bosques del Lauragais, Pierre de Mazerolle.

La incursión de Avignonet

La señal de la guerra del conde, que acababa de obtener la alianza del rey de Inglaterra y del conde de la Marche, debía ser la ejecución de los dos inquisidores: el dominico Guillaume Arnaud y el franciscano Etienne de Saint-Thibéry en Avignonet del Lauragais, donde estaba detenido el tribunal itinerante. La caballería y los oficiales de justicia de Monségur se convirtieron en el brazo armado del conde. Los inquisidores y su cortejo fueron eliminados y se hicieron pedazos los registros de las confesiones-declaraciones-denuncias. Cuando la población se enteró de la noticia, lanzó gritos de alegría: «*Cocula carta es trencada!*» (*¡Han roto el p... registro!*) y el país se sublevó, mientras que el conde entraba en guerra contra el rey de Francia y contra lo ineluctable.

■ *El* castrum *de Monségur.*

¡Ay de él! Sus aliados fueron vencidos por el ejército francés en Saintes y en Taillebourg y se perdió la guerra. Tuvo que firmar el tratado de Lorris en 1243 y el país tuvo que someterse de nuevo. Lo pagaría, y muy caro.

El atentado de Avignonet, perpetrado contra unos hombres de Iglesia especialmente intocables, señaló

Monségur ante los poderosos de aquel mundo, el Papa de Roma y el rey de Francia. Hay que decapitar a la hidra, declaró la regente, Blanca de Castilla.

A principios del verano de 1243, un ejército de cruzada reclutado por los obispos meridionales y dirigido por el senescal real de Carcasona inició el sitio alrededor del peñón de Monségur. Pierre Roger de Mirepoix había hecho revituallar la plaza con convoyes de trigo de los pueblos y requisando ganado. El inaccesible *castrum* estaba defendido por una formidable posición estratégica, más que por la cincuentena de hombres de armas que tuvieron que hacer frente al gran ejército. Durante largos meses, mensajeros y visitantes pasaron sin grandes problemas a través de las líneas de los asaltantes.

En el invierno de 1243-1244, el asedio se estrechó cuando el ejército cruzado se asentó en el peñón de Monségur tras haber atacado por sorpresa el pequeño puesto que defendía un ángulo de la montaña. A partir de aquel momento los combates fueron acercándose de manera inevitable a las murallas del pueblo, hasta el punto de que pudieron utilizarse las catapultas y una gran máquina de guerra cuyas pesadas piedras aplastaron los tejados de las humildes viviendas. La situación se hizo pronto insostenible y el 1 de marzo de 1244 Pierre Roger negoció una tregua de quince días antes de la rendición definitiva. De acuerdo con el desenlace habitual en un asedio de cruzada, los herejes obstinados, los que se negaran a abjurar, serían entregados al fuego. La población laica salvaría la vida.

El único secreto de Monségur

Tres días antes de que expirara la tregua, una veintena de personas de esta población laica, a las que se les había prometido que salvarían la vida, solicitaron recibir el *consolament* de la mano de los obispos de Tolosa y del Razès, Bertrand Marti, que había sucedido al viejo Guilhabert de Castres, y Raimond Agulher. Corba, la esposa de Raimond de Péreille, fue uno de ellos, junto con su hija Esclarmonda, varios caballeros y sargentos de armas, algunos de ellos acompañados de sus esposas. La mañana del 16 de marzo de 1244, al terminar la tregua, doscientos veinticinco Buenos Hombres y Buenas Mujeres fueron encontrados en la plaza, «arrojados a un recinto hecho de palos y estacas al que se prendió fuego, y pasaron directamente de las llamas de la hoguera a las del infierno», según dice el cronista Guillaume de Puylaurens, gran conocedor del tema.

Podría decirse, sencillamente, que doscientos veinticinco Buenos Hombres y Buenas Mujeres aceptaron la muerte cristiana en la hoguera para no abjurar de su fe, de acuerdo con los votos que habían pronunciado en el momento del santo bautismo de Jesucristo. Su alma estaba salvada. Ofrecían un testimonio del Evangelio en este mundo malvado.

Con frecuencia se han planteado dudas sobre el significado de la tregua de quince días obtenida del senescal del rey por Pierre Roger de Mirepoix. Sin duda la Iglesia cátara de Monségur la aprovechó para ponerse en orden y en paz antes de desaparecer. Los Buenos Hombres y las Buenas Mujeres distribuyeron entre sus defensores los pobres bienes que les quedaban. Se tomaron medidas para que las reservas monetarias de la Iglesia pudieran ser enviadas hacia Italia, en beneficio de la Iglesia occitana exiliada en Cremona. Pero, básicamente, los defensores esperaron al último día la llegada de refuerzos de su soberano, el conde de Tolosa, que les había enviado mensajeros para animarlos a resistir.

La población laica y superviviente de Monségur desfiló por delante de los escribanos del inquisidor hermano Ferrer. Se han conservado diecinueve de estos testimonios que nos informan con detalle de la vida del *castrum* y las peripecias del asedio. Tras la rendición, el lugar fue entregado a Guy de Lévis, compañero de Simón de Montfort y mariscal de Mirepoix, al que pertenecía por derecho, si no de hecho. Probablemente, la Inquisición dictó sentencia de demolición contra el pueblo que había abrigado tantas ceremonias herejes e impías, tal como era habitual, y prohibió que se reconstruyera nada durante mucho tiempo, con excepción de una capilla. Es probable que esta capilla fuera la primera construida en el emplazamiento donde residió la cabeza y la sede de la herejía. A principios del siglo XIV, François de Lévis construyó en la pequeña meseta de la cumbre arrasada el pequeño y bonito castillo, obra maestra de la arquitectura militar, que actualmente vemos en ruinas. Del pueblo donde vivieron los Buenos Cristianos no quedan más que algunas terrazas y los cimientos de casas pobres que una paciente tarea arqueológica ha empezado a sacar a la luz.

Anne Brenon,
Petit Précis de catharisme

Las últimas horas de Monségur

Sin duda, a la cabeza de los condenados se encontraba el obispo Bertrand Marty. Los herejes fueron encadenados y arrastrados sin miramientos a lo largo de la pendiente que separaba el castillo del lugar donde se había preparado la pira.

Delante de Monségur, en la vertiente sudoeste de la montaña —la única practicable—, se encuentra un espacio descubierto llamado hoy día *le champ des Cramatchs* o de los *Cremats* (quemados). Este lugar se encuentra a menos de doscientos metros del castillo y la pendiente que baja de él es bastante empinada. Guillaume de Puylaurens dice que los herejes fueron quemados «muy cerca de la montaña».

Mientras arriba los perfectos se preparaban para la muerte y se despedían de sus amigos, una parte de los sargentos del campamento francés estaría ocupada en el último trabajo de este asedio: construir una pira lo bastante grande para consumir los cuerpos de doscientas personas. [...] Probablemente no habían tenido tiempo de clavar postes para atar a los condenados uno por uno; en todo caso, Guillaume de Puylaurens se contentó con decir que los encerraron en una empalizada.

A los enfermos y los heridos se limitarían a echarlos sobre las gavillas de leña; los otros tal vez intentarían buscar consuelo, acercarse a sus padres... tal vez la dama de Monségur pudo morir junto a su anciana madre y su hija enferma, y las dos esposas de los oficiales de armas junto a sus maridos. Tal vez el obispo pudo, entre los gemidos y el ruido de las armas, los gritos de los verdugos que encendían el fuego en las cuatro esquinas de la empalizada, los cánticos entonados por los clérigos, dirigir a sus fieles unas últimas exhortaciones. Cuando las llamas ya habían prendido bien, verdugos y soldados debieron de retirarse a cierta distancia para evitar el calor y el humo que desprendía la inmensa hoguera. En pocas horas, las doscientas antorchas vivas amontonadas dentro de la empalizada no fueron más que un montón de cuerpos ennegrecidos, enrojecidos, sangrantes, que se calcinaban unos contra otros y desprendían un olor atroz a quemado por todo el valle que llegaba hasta los muros del castillo.

Los defensores que se habían quedado en la ciudadela podían ver, desde arriba, cómo surgían las llamas de la hoguera, cómo crecían y se apagaban sin alimento, y cómo la humareda densa y negra cubría la montaña; el humo, acre, nauseabundo, debía de hacerse más denso a medida que disminuían las llamas. Por la noche, las brasas seguirían consumiéndose lentamente; diseminados por la montaña, los soldados, sentados alrededor de las fogatas encendidas ante sus tiendas, verían todavía, de lejos, cómo temblaban las rojas brasas bajo el humo. Aquella misma noche, los cuatro hombres depositarios del tesoro bajaron con cuerdas por la pared de roca, casi delante del campamento donde moría el inmenso fuego alimentado con carne humana.

Zoé Oldenbourg,
Le Bûcher de Monségur

Valdenses, espirituales y apostólicos

La Inquisición se creó específicamente para hacer frente a los cátaros. Pero desde el siglo XIII, otros movimientos religiosos también fueron perseguidos por herejes.

■ *Tortura a los valdenses en 1241.*

Las herejías medievales en Europa
La Inquisición tuvo una eficacia relativa contra el movimiento valdense, estructurado de manera menos rígida que la Iglesia cátara, y por esa misma razón más adecuado para sobrevivir en la clandestinidad. La reivindicación de la pobreza evangélica y de la libre predicación de la Palabra de Dios, difundida en Europa occidental desde los primeros años del siglo XII, cristalizó a partir de los años 1170 en torno a la vocación de Valdo de Lyon, al que la intransigencia de las autoridades religiosas lanzó progresivamente al cisma y más tarde a la herejía. El movimiento valdense, pobres de Lyon y pobres lombardos, que sin embargo prefiguraba la eclosión de las órdenes mendicantes a principios del siglo XIII, y en especial del franciscanismo, se radicalizaría a través de las persecuciones medievales, diseminándose hacia Europa central, aliándose al principio con los husitas y después con la Reforma protestante de 1532.

Los valdenses rechazaron las estructuras autoritarias de la jerarquía romana y discutieron la validez de los sacramentos otorgados por las manos indignas de su clero. Desde mediados del siglo XIII, constituidos en un ala radical, los franciscanos espirituales, que se proclamaban fieles al modelo de san Francisco, denunciaron primero la desviación conventual de su orden y su compromiso con la represión inquisitorial. Amparados en el Languedoc por su orden tercera de begardos y begardas, adoptaron las visiones proféticas apocalípticas de los joaquinitas, herederos más o menos directos de Joachim de Fiore, y anunciaron la inminente Iglesia del Espíritu Santo destinada a borrar la dominación, en la violencia y la opulencia, de la excesivamente materialista Iglesia romana, cuando la era del Hijo dejara paso a la del Espíritu. En Italia, el movimiento de los apostólicos de Gerardo Segarelli y de Fray Dolcino constituyó el paroxismo revolucionario de estos movimientos religiosos que reclamaban a la vez una Iglesia del Espíritu y la justicia en este mundo.

En los primeros decenios del siglo XIV, la Inquisición hizo grandes hogueras con Espirituales y begardos en el Languedoc, así como con Apostólicos en Italia, al tiempo que ardían los últimos cátaros y, que en Inglaterra John Wycliff y sus *lollards*, y un poco más tarde en Bohemia Juan Hus y después los taboritas, establecían un vínculo entre los imperativos de una reforma moral y teológica de la Iglesia pervertida y los de la justicia social.

Anne Brenon, *Concilium 1997*

Los valdenses: la palabra y la pobreza
El movimiento valdense es el ejemplo perfecto de manifestación de este evangelismo latente de las poblaciones cristianas medievales. Concretiza el conjunto de las aspiraciones espirituales de finales del siglo XII, ideal de vida pobre y puro, y responde al problema de la escucha de la Palabra de Dios. El fundador epónimo —y tal vez mítico— del movimiento valdense, el rico comerciante de la región de Lyon cuyo apellido era Pierre, Vaudès (Valdo) o «le Vaudois» («el Valdense»), prefigura de modo tan exacto la trayectoria de Francisco de Asís tres decenios más tarde que bien podemos plantearnos legítimamente si se trata de un problema de copias retroactivas de las fuentes, aunque no sabemos la respuesta.

Al margen de que podamos saberlo o no, Valdo de Lyon distribuyó sus bienes a los pobres ante el arzobispo de Lyon, y sólo reservó tres partes para su esposa y sus dos hijas, que ingresaron, no por casualidad, en la orden de Fontevrault. Lo que había motivado su conversión, que podemos situar hacia 1170, fue una reflexión sobre un fragmento del Evangelio de Mateo: «Si quieres ser perfecto, ve, vende cuanto tienes, dalo a los pobres, y tendrás un tesoro en los cielos, y ven y sígueme» (Mt 19, 21). [...]

Valdo y los Pobres de Lyon, que se agruparon alrededor de él y lo siguieron, hombres y mujeres mezclados, predicaron y arengaron a la multitud en las plazas hasta que el arzobispo Guichard los echó de Lyon. En 1179, Alejandro III acogió paternamente en el concilio de Letrán al Valdense «en su pobreza evangélica», pero le recomendó que se adaptara a las decisiones de su arzobispo. En esta ocasión, el clérigo Walter Map se encontró con los Pobres de Lyon y los describió así en su crónica:

«No tenían vivienda fija, caminaban en parejas, descalzos, vestidos con una túnica de lana. No poseían nada, tenían todo en común con los apóstoles. Desnudos, servían a un Cristo desnudo.»

También en esta ocasión los Pobres de Lyon se encontraron por primera vez con los Pobres lombardos. Pero aunque Valdo aceptó en marzo de 1180 la profesión de fe que le impusieron el arzobispo y el legado del Papa, Henri de Clairvaux, con rechazo explícito de todo arnoldismo y de todo dualismo, los valdenses fueron excomulgados en bloque dos años más tarde por no haber renunciado a predicar, y se encendieron las primeras piras. Valdo respondió con una paráfrasis de los Hechos de los Apóstoles: *Melius obedire Deo quam hominibus* («Es mejor obedecer a Dios que a los hombres»).

Anne Brenon, *Le Vrai Visage du catharisme*

La investigación

En relación con el estudio de los cátaros, el investigador del siglo XX precisa de la energía necesaria para ejercer un «contrarrevisionismo»: atreverse a poner en duda lo que se ha creído saber desde siempre. Debe tener conciencia, tal como lo expresa Georges Duby, del hecho de que «no sabemos nada de la herejía que no proceda de aquellos que la persiguieron y vencieron, de los actos de condena, de refutación».

Las aventuras del investigador sobre los cátaros

El catarismo, vencido y eliminado de la Historia, durante mucho tiempo sólo fue conocido por la interpretación que de él dieron quienes lo vencieron, esencialmente los inquisidores dominicos. Hasta los años cincuenta de nuestro siglo XX, una especie de consenso de buena conciencia histórica, alimentado por algunos trabajos apologéticos publicados sobre el tema a lo largo de los siglos, esencialmente por teólogos católicos, hacía del tema cátaro un asunto definitivamente resuelto. Este consenso, que culminó en 1953 con la tesis de Arno Borst, *Die Katharer*, publicado veinte años más tarde con el título de *Les cathares*, tendía a relativizar hasta el límite los tristes sucesos de la cruzada y de la Inquisición, presentados como un mal menor, necesario para limpiar la Europa cristiana de la contaminación de la peligrosa herejía, de inspiración oriental y maniquea, que amenazaba el orden de la sociedad.

Un absceso en el cristianismo medieval

Para resumir: el catarismo, cuerpo extraño en la cristiandad medieval, sólo podía establecerse en ella como un absceso, no podía propagarse más que como una gangrena; en consecuencia, la cristiandad lo rechazó de modo sano y saludable.

Los escasos medievalistas que en esos mismos años cincuenta empezaban a plantearse preguntas en relación con la naturaleza exacta de la herejía medieval y su papel en la evolución de la sociedad occidental, que empezaban a levantar una punta del velo y a intentar una lectura crítica de los documentos, recibieron la considerable ayuda del rápido descubrimiento —en menos de veinte años— de varios textos radicalmente nuevos, porque eran de origen auténticamente cátaro, que orientarían en otra dirección los datos de la cuestión. Dos tratados cátaros —entre ellos, el famoso *Libro de los dos Principios*—, así como dos y, más tarde, tres libros litúrgicos cátaros en latín y en occitano, exhumados de diversas bibliotecas europeas, fueron editados y estudiados; en 1959, René Nelli ofreció una primera traducción al francés en *Écritures cathares* (Denoël).

Las creencias cátaras despojadas de los mitos

Las creencias cátaras, denunciadas y perseguidas en la Edad Media como herejía maniquea, se definieron en sus propios libros como una auténtica exigencia cristiana. Mientras que a partir de los años 1970-1980 la Historia medieval multiplicaba sus fuentes, aclarando de manera notable los orígenes de la herejía en el período del año mil y en la cultura monacal románica, los primeros trabajos empezaban a renovar la vieja cuestión cátara. El iniciador, el precursor de todo fue Jean Duvernoy, quien a partir del registro de la Inquisición de Jacques Fournier, que abriría nuevas perspectivas humanas y sociales sobre las poblaciones creyentes meridionales, publicó en 1976 en la editorial Privat la obra titulada *La Religion des cathares*, primer tomo de una larga serie titulada *Les Cathares*, que desnuda por fin las creencias cátaras de mitos y fabulaciones.

Una verdadera investigación histórica

El centro de estudios cátaros, fundado en 1982 por los poderes públicos de Aude, representados por el presidente Robert Capdeville, promovido por René Nelli y Jean Duvernoy, se dedica desde hace quince años a poner en práctica los medios de una investigación histórica de carácter laico que utiliza y confronta el conjunto de las fuentes documentales. Gracias a un equipo de investigación internacional publica una revista especializada, *Heresis*, se celebran coloquios anuales y se impulsan trabajos universitarios; pero el Centro de estudios cátaros, que ha tomado el nombre de Centro René-Nelli desde la muerte de su fundador, no descuida al público en general. Desde sus locales en la Maison des Mémoires, en Carcasona, con la ayuda del departamento de Aude, funciona como el «servicio público del catarismo» y ofrece a todos los curiosos su vasta biblioteca de libre acceso, su servicio de documentación, sus conferencias y actividades pedagógicas.

Anne Brenon, abril 1997

■ *La biblioteca del Centro de estudios cátaros.*

BIBLIOGRAFÍA

Berlioz, Jacques, *Tuez-les tous, Dieu reconnaîtra les siens*, Toulouse, Loubatières, 1994.
Bonnassie, Pierre, y Richard Landes, «Une nouvelle hérésie est née dans le monde», *Les Sociétés méridionales autour de l'An Mil...*, París, CNRS éditions, 1992, pp. 435-459.
Brenon, Anne, *Le Vrai Visage du catharisme*, Toulouse, Loubatières, 1988, reed.
— *Les Femmes cathares*, París, Perrin, 1992.
— *La verdadera historia de los cátaros: vida y muerte de una iglesia ejemplar*, Barcelona, Ed. Martínez Roca, 1997.
— *Montségur (1244-1994), Mémoire d'hérétique*, Toulouse, Loubatières, 1994.
— *Petit précis de catharisme*, Toulouse, Loubatières, 1996.
Duvernoy, Jean, *Le Catharisme*, tomo I, *La religion des cathares*; tomo II, *L'Histoire des cathares*, Toulouse, Privat, 1976 y 1979, reed.
— *Le Registre d'Inquisition de Jacques Fournier (1318-1325)*, traducido al francés y anotado, 3 volúmenes, Mouton, París, La Haye, 1977-1978.
Europe et Occitanie: Les pays cathares, Actas de la 5.ª sesión del CEC, Carcasona, colección Heresis, 1995.
Heresis, Revista internacional de heresiología medieval, edición de textos, investigaciones. Carcasona, Centro de Estudios Cátaros, 1983-1997.
Labal, P., J. Duvernoy, M. Roquebert, R. Laffont, *Les cathares en Occitanie*, París, Fayard, 1984.
Le Roy Ladurie, Emmanuel, *Montaillou, aldea occitana, de 1294 a 1324*, Madrid, Taurus, 1988.
Montségur, la mémoire et la rumeur (1244-1994), Actas del Coloquio de Foix, octubre de 1994, Foix, archivos dep. de Ariège, 1995.
Moore, Robert, *La Persécution, sa formation en Europe, 950-1250*, París, Les Belles Lettres, 1991.
Nelli, René, *Écritures cathares*, nueva edición actualizada y aumentada por Anne Brenon, París, Le Rocher, 1995.
— *La Philosophie du catharisme. Le dualisme radical au XIIIe siècle*, París, Payot, 1975, reed. Toulouse, Privat, 1988.
Pales-Gobilliard, Annette, *L'Inquisiteur Geoffroy d'Ablis et les cathares du comté de Foix (1308-1309)*, París, CNRS, 1984.
Persécution du catharisme, La, bajo la dirección de Robert Moore, Actas de la 6.ª sesión del CEC, colección Heresis, Carcasona, Centro Nacional de Estudios Cátaros, 1996.
Roquebert, Michel, *L'Épopée cathare*, 4 tomos, Toulouse, Privat, 1971-1989.
— *Montségur, Les cendres de la liberté*, Toulouse, Privat, 1992.
Rouquette, Yves, *Cathares!*, Toulouse, Loubatières, 1991, reed.

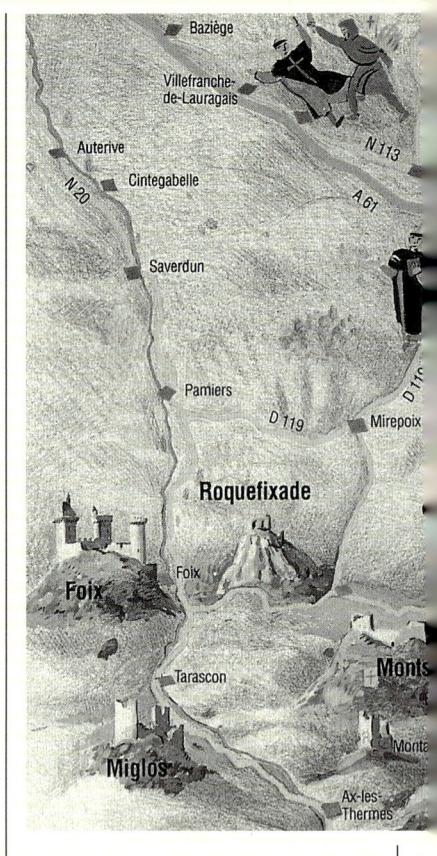

■ *Principales castillos y parajes «cátaros».*

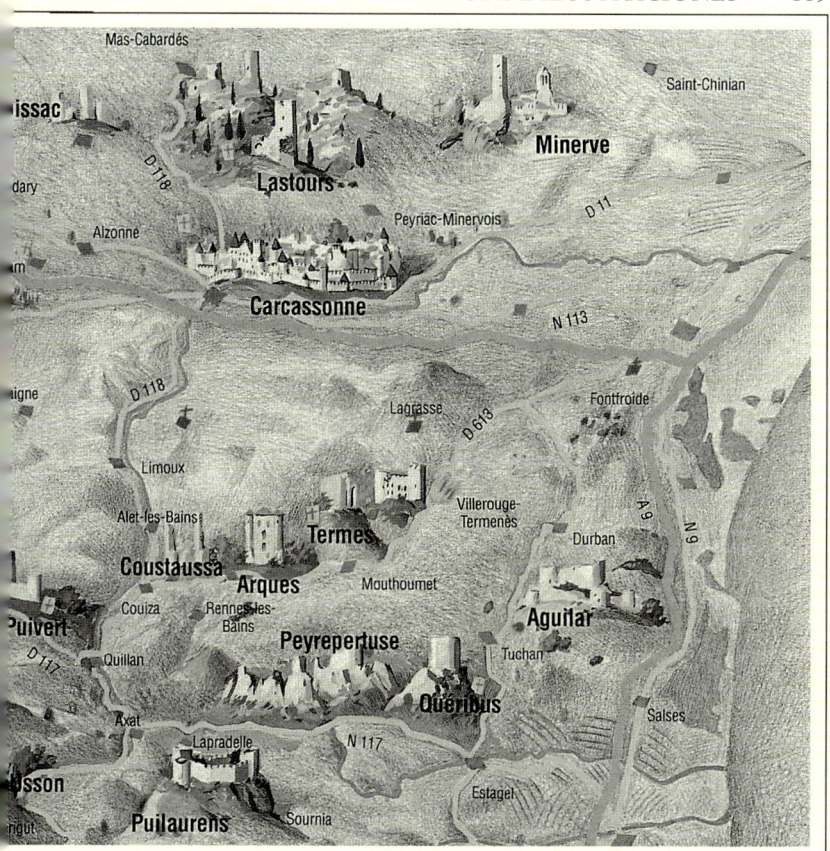

ÍNDICE DE ILUSTRACIONES

CUBIERTAS

1.ª *El agitador del Languedoc*, pintura de Jean-Paul Laurens.
4.ª Castillo de Monségur.

INTRODUCCIÓN

1 El Dragón, miniatura de los *Comentarios al Apocalipsis de san Juan*, Beato de Liébana, s. X. Biblioteca del Escorial.
2-3 El libro de los siete sellos. El Cordero situado en un medallón abre el primer sello, y el ángel enseña a Juan el caballo blanco montado por un arquero que lleva una corona. El Cordero abre el segundo sello, y el buey enseña a Juan el caballo rojizo cuyo caballero lleva la espada. El Cordero abre el tercer sello, y el león enseña a Juan el caballo negro cuyo caballero lleva una balanza. El Cordero abre el cuarto sello, y el águila enseña a Juan la muerte montada sobre un caballo claro, miniatura de los *Comentarios al Apocalipsis de san Juan*, Beato de Liébana. Abadía de Saint-Sever, mediados s. XI. Biblioteca Nacional de Francia, París. Ms Latín 8878, fol. 108vº-109.
4-5 Adoración de los 24 ancianos. El Señor en majestad está rodeado de los

símbolos de los cuatro evangelistas, miniatura de los *Comentarios al Apocalipsis de san Juan*, Beato de Liébana. Abadía de Saint-Sever, mediados s. XI. Biblioteca Nacional de Francia, París. Ms Latín 8878, fol. 121vº-122.
6-7 La cola del dragón barre un tercio de las estrellas del cielo y las precipita sobre la tierra. El Dragón de siete cabezas y diez cuernos, detenido delante de la Mujer, se dispone a devorar a su hijo recién nacido, miniatura de los *Comentarios al Apocalipsis de san Juan*, Beato de Liébana, s. XI. Biblioteca Nacional, Madrid. Ms Vit. 14-2, fol. 186vº-187.
9 *Hombres en una hoguera*, grabado alemán del s. XIV.

CAPÍTULO I

10 El ángel toca la sexta trompeta: aparición de los caballos escupiendo fuego y montados por caballeros vestidos con coraza. Un tercio de los hombres muere, miniatura de los *Comentarios al Apocalipsis de san Juan*, Beato de Liébana. Abadía de Saint-Sever, mediados s. XI. Biblioteca Nacional de Francia, París. Ms Latín 8878, fol. 148vº.
11 Monstruo devorando a un hombre, capitel adornado. Iglesia de Saint-Pierre, Chauvigny.
12a Constantino en el concilio de Nicea, en el año 325, ordena quemar los libros, miniatura del *Canon de los Concilios*, s. IX. Biblioteca capitular, Vercelli.
12b *Aparición de san Ambrosio en la batalla de Milán*, pintura del maestro de la Pala Sforzesca, museo del Petit-Palais, Aviñón.
13 El poder espiritual y el poder temporal, miniatura del *Decretum* de Graciano, Biblioteca Nacional de Francia, París. Lat. 3893, fol. 1.
14 Eclesiástico escribiendo, miniatura del *Codex Sophilogium*. Finales s. XV. Archivos de Torre de Tombo, Lisboa.
15 Infierno, miniatura del *Apocalypse figurée*. Escuela del Norte, s. XIII. Biblioteca municipal, Cambrai.
16 Letra Q adornada. Monjes leñadores, miniatura de *Moralia in Job*. San Gregorio. Ms s. XIII, procedente de la abadía de Cîteaux. Biblioteca municipal, Dijon. Ms 170.
16-17 Escena de vida religiosa, miniatura de *Heures dites de la Duchesse de Bourgogne*, hacia 1450. Museo Condé, Chantilly. Ms 76/1362, fol. 5vº.
17d La majestad de Sainte Foy, estatua relicario. Tesoro de la abadía, s. X, Conques.
18b El papa Urbano II consagra el altar mayor de la tercera iglesia abacial de Cluny (1095), miniatura de un *Recueil sur l'abbaye de Cluny*, s. XII. Biblioteca Nacional de Francia, París. Lat. 17716, fol. 91.
18a y 19 Brujas de camino al aquelarre, miniatura de *Le Champion des Dames*. Martin le Franc, 1451. Biblioteca Nacional de Francia, París. Fr. 12476, fol. 105 vº.
20 El bautismo, miniatura del *Recueil de Traité de Dévotion*. Hacia 1371-1378, Museo Condé, Chantilly. Ms 137/1687, fol. 45.
20-21 Los milagros de Cristo y san Pablo bautizando a los primeros cristianos, fresco del s. X. Tokali Kilise, Göreme, Capadocia.
22 Ángel combatiendo con el Dragón, miniatura de los *Comentarios al Apocalipsis de san Juan*, Beato de Liébana, s. XI. Biblioteca Nacional, Madrid. Ms Vit 14-2.
23b La Última Cena, capitel de la iglesia de Saint-Nectaire.
23a *San Sebastián y san Policarpo destruyen los ídolos* (detalle), pintura de Pere García de Benabarre, s. XV. Museo del Prado, Madrid.
24 El ángel luchando contra la bestia, miniatura de los *Comentarios al Apocalipsis de san Juan*, Beato de Liébana, s. X. Biblioteca del Escorial.
25 Disputa de los ángeles y los diablos alrededor de san Agustín, xilografía de *La ciudad de Dios*, de san Agustín, hacia 1486, Biblioteca municipal, Abbeville.
24-25 La bestia. *Apocalipsis*, s. IX, Ms procedente de la abadía de Saint-Armand. Biblioteca municipal, Valenciennes. Ms 99, fol. 23.
26b Gregorio VII, miniatura, mediados s. XII. Biblioteca municipal, Douai. Ms 315, fol. 1vº.
27b El caballero fiel montado sobre un caballo blanco parte a la guerra contra Satán, miniatura del *Apocalipsis de san Juan* de Lorvao. Archivos Torre do Tombo, Lisboa.
26-27 Tropas francesas atacando a los sarracenos, miniatura. Biblioteca Real Alberto I, Bruselas. Ms 8, fol. 10.

CAPÍTULO II

28 Martirio de los primeros cristianos, miniatura de un manuscrito griego del s. XIII. Biblioteca Nacional de Francia, París.
29 Necrópolis bogomilita de Radimje. Bosnia Herzegovina.
30 Monje sobre un asno, miniatura.

ÍNDICE DE ILUSTRACIONES

Biblioteca Vaticana, Roma.
31a El papa León IX excomulga a Miguel Cerulario, patriarca de Constantinopla, miniatura de un manuscrito griego llamado *Oráculo de León el Sabio*, Biblioteca Nacional, Palermo.
31b Parábola del administrador infiel (Lc 16, 1), miniatura. Biblioteca Nacional, Atenas.
32a Alejo Comneno, s. XI, mosaico. Santa Sofía, Estambul.
33a Taller de un tejedor, miniatura, s. XV. Biblioteca Nacional de Francia, París.
32-33 Los herejes queman los libros de teología, miniatura de la Biblia de Velislavory, s. XIII, Biblioteca de la Universidad, Praga.
34 Prisioneros llevados al suplicio, miniatura de los *Passages faits outremer par les français contre les turcs*, Sébastien Mamerot. Hacia 1490. Biblioteca Nacional de Francia, París. Fr. 5594, fol. 213.
35 Las virtudes abatiendo a los vicios, Ss.
36 San Juan, miniatura del *Evangile de Saint-Médard de Soissons*, principios s. IX, Biblioteca Nacional de Francia, París. Lat. 8850, fol. 180 v°.
36-37b *Coutumes de Toulouse*, 1296. Biblioteca Nacional de Francia, París. Lat.

9187, fol. 31 v°.
37a Cristo entre la Iglesia y la sinagoga, miniatura del *Liber Floridus* de Lambertus. Genealogía de Cristo y de la humanidad, hacia 1448, Museo Condé, Chantilly.
38 *San Bernardo orando*, pintura de Jörg Breu. 1500. Convento de Swettl. Baja Austria.
39 Sello del vizconde de Trencavel.
40-41 Asamblea o concilio. Dibujo coloreado por Blandine y Stéphane Lalou, extraído de la *Chanson de la croisade des Albigeois*, Biblioteca Nacional de Francia. Fr. 25429, fol. 81. Col. part.
42 Mapa.
43-44 Cabezas, esculturas de Montsaunes, Haute-Garonne. Foto extraída del libro *Le Soud-Ouest roman*, Ed. Privat.

CAPÍTULO III

44 El castillo de Peyrepertuse.
45 Letra florida. Caballero aplastando un dragón, miniatura de *Moralia in Job. Saint Grégoire*. Principios s. XII. Biblioteca municipal, Dijon.
46-47 Las clases de amistades (los tres órdenes), miniatura de la *Ética, Política y Económica* de Aristóteles (traducción al francés de Nicolas Oreme). s. XV, Biblioteca municipal, Ruán. Ms 927,

fol. 127v°.
46a Herreros, miniatura del *Miroir de l'Humaine Salvation*, s. XV, Museo Condé, Chantilly.
46b Bram. Pueblo, llanura del Lauragais.
48 Gastón Febo da instrucciones a sus monteros, miniatura del *Livre de chasse* de Gastón Febo, s. XV. Biblioteca Nacional de Francia, París. Ms Fr. 616, fol. 13.
49a Copia manuscrita de la ley sálica, s. VIII. Biblioteca Nacional de Francia, París.
49b Caballero. Detalle de la fachada de la casa del Montero Mayor. Cordes.
50a Hombre tocando la flauta y niño haciendo malabarismos. Miniatura del *Tropaire de Saint-Martial de Limoges*, mediados s. XI, Biblioteca Nacional de Francia, París. Lat. 1118, fol. 111.
51a Raimond de Miraval, miniatura. Biblioteca Nacional de Francia, París. Fr. 12473, fol. 52v°.
50-51b Ofrendas de los fieles a la Iglesia, miniatura de *Las cantigas de Santa María*, poema atribuido a Alfonso X de Castilla, s. XIII, San Lorenzo del Escorial.
52 Máscara funeraria. Principios s. XIV, Museo de Beaux-Arts, Arrás.
53 Los actos del diablo. Banquete, torneo, danza y

tentación, miniatura del *Bréviaire d'Amour*. Códice provenzal, finales s. XIII y principios XIV. Biblioteca real del Escorial.
54a Rey. Finales s. XIII, Museo de los Agustinos. Toulouse.
54b Sello de Raimundo VI de Tolosa, 1207. Archivos de Francia, París.
55b Reina. Finales s. XII. Museo de los Agustinos, Toulouse.
55a Primera página de un ritual cátaro. Hacia 1250. Palacio de las artes, Lyon.
57a La ciudad de Carcasona.
57c Foix, castillo.
56-57 Obras de Misericordia, miniatura de un *Salterio* con glosas y traducción al francés, principios s. XIII. Biblioteca Nacional de Francia, París. Ms latín 8846, folio.
58 Escena del hijo pródigo (genuflexión).
59 Predicación, miniatura de *Ovide Moralisé*, por Chrétien Legouais, s. XIV. Biblioteca municipal, Ruán. Ms. 1044, fol. 67.
60 Caída de los ángeles rebeldes, miniatura de las *Très Riches Heures du duc de Berry*. Principios s. XV, Museo Condé, Chantilly. Ms 65/1284, fol. 64 v°.
61 Estatuilla del Buen Pastor. Arte primitivo cristiano, Museo del Louvre, París.
62a Castillo de Puilaurens.
62c Castillo de

Lastours. Fotografía procedente del libro de M. Roquebert, *Les Citadelles du vertige*. Ed. Privat.
62-63 Castillo de Peyrepertuse.
63a Castillo de Puivert. Porche de la Gran Torre. Fotografía procedente del libro de M. Roquebert, *Les Citadelles du vertige*. Ed. Privat.
63d Ventana cruciforme de la capilla del castillo de Termes. Fotografía extraída del libro de M. Roquebert, *Les Citadelles du vertige*. Ed. Privat.
64 Cristo. Iglesia de Saint-Sernin, Toulouse.
65 El pesaje de las almas. Detalle del juicio final, s. XII. Pórtico de la catedral de Saint-Lazare, Autun.
66i Pentecostés. Relieve del claustro del monasterio de Santo Domingo de Silos.
66d-67 El juicio final. Fresco. Catedral de Albi.
68i Estela discoidal del Lauragais.
68a, d. Un franciscano y un dominico rechazan la limosna de dos usureros judíos, miniatura de *Emblèmes bibliques*. s. XIII. Biblioteca Nacional de Francia, París. Lat. 11560, fol. 138.
69 El pecado original. Fresco de la iglesia de Saint-Jean de Saint-Plancard, Haute-Garonne.

CAPÍTULO IV

70 *Auto de fe presidido por santo Domingo*. Pintura de Pedro Berruguete, Museo del Prado, Madrid.
71 *Historia de la vida de santo Domingo. El Papa sueña que santo Domingo salva a la Iglesia católica*. Pintura anónima de Campania, s. XIV, Museo de Capodimonte, Nápoles.
72i *El papa Gregorio IX recibe la lista de los acusados* del inquisidor arrodillado, miniatura de los *Decretos de Gregorio IX*. Biblioteca Marciana, Venecia. Ms en latín del XIV. Fol. 188.
72b Sello de una bula pontificia con las cabezas de san Pedro y san Pablo. Archivos nacionales, París.
73 Escena de la cruzada contra los albigenses, miniatura de las *Grandes Chroniques de saint Denis*, hacia 1400. Biblioteca municipal, Toulouse. Ms 512, fol. 251.
74a *La disputa de santo Domingo y el milagro del Libro*, parte inferior del retablo de la *Coronación de la Virgen*, de Fra Angelico, Museo del Louvre, París.
74-75 *El papa Inocencio III*, fresco del s. XIII de Magister Conxolus, monasterio de san Benito, llamado Sacro Speco, Subiaco.
75a *Hombre condenado a la hoguera*, grabado de Grasset de Saint-Sauveur, 1795.
Domingo. Pintura de Pedro Berruguete, Museo del Prado, Madrid.
Société de géographie, París.
76a Suplicio de los herejes partidarios de Amaury de Chartres, quemados delante de París en presencia de Felipe Augusto, miniatura de las *Grandes Chroniques de France*, hacia 1460. Biblioteca Nacional de Francia, París. Ms fr. 6465, fol. 236.
76-77 *Toma de Carcasona*, dibujo coloreado por Blandine y Stéphane Lalou y extraído de la *Chanson de la Croisade des Albigeois*. Biblioteca Nacional de Francia. Ms fr. 25425, fol. 15, col. part.
78a La batalla de Muret, miniatura de las *Grandes Chroniques de France*, hacia 1460. Biblioteca Nacional de Francia, París. Ms fr. 6465, fol. 252 v°.
78b Retrato de Simón de Montfort, grabado del s. XIX. París, col. part. Raimundo VII.
79 *Penitencia del conde de Tolosa*, grabado de J.-M. Moreau. 1782. Biblioteca Nacional de Francia, París.
80 *El agitador del Languedoc*, pintura de Jean-Paul Laurens, Museo de los Agustinos, Toulouse.
80-81b Prisioneros, miniatura de las *Coutumes de Toulouse*, 1296. Biblioteca Nacional de Francia, París. Ms en latín. 9187, fol. 33.
82-83 *Toma de Béziers por los cruzados*, grabado del s. XIX. Biblioteca de las Artes decorativas, París.
82bi *Asesinato del legado de Pierre de Castelnau*, grabado procedente de *L'histoire de France*, hacia 1860-1880. Biblioteca Nacional de Francia, París.
83bi *Episodio de la guerra de los albigenses*, grabado realizado a partir del cuadro de A. Maignan. Biblioteca Nacional de Francia, París.
83d Lápida sepulcral de Simón de Montfort. Iglesia de Saint-Nazaire, Carcasona.
84 Castillo de Monségur. Ariège.
85 Piedra llamada del asedio, s. XIII. Iglesia de Saint-Nazaire, Carcasona.
86a Ornamento cruciforme de arquilla. Depósito de las excavaciones de Monségur.
86-87 *La Iglesia militante*, fresco de Andrea Bonainti. Capilla de los Españoles. Iglesia Santa Maria Novella, Florencia.
87 Hereje entregado a las llamas, hacia 1254. Croquis a pluma dibujado al margen de un proceso verbal de interrogatorio. Registro de Alfaro de France, consejero de Simón de Montfort. Archivos nacionales, París.

CAPÍTULO V

88 *Los emparedados de Carcasona*, copia de

ÍNDICE ALFABÉTICO

la tela de J. P. Laurens, alcaldía de Carcasona.
89 *Les coutumes de Toulouse*, 1296. Biblioteca Nacional de Francia, París. Ms en latín 9187, fol. 23 v°.
90 Coronación de David, miniatura de la Biblia ilustrada de Guiars des Moulins y Pierre Comestor. Finales s. XIII y principios XIV. Museo Atger, Montpellier.
91 Tratado entre el conde de Foix, el conde de Pallars y el vizconde de Cardona, procedente de Pierre Authié, notario condal, 1284. Archivos nacionales, París. J 879, n.° 79.
90-91 Guerrero derrotando a los condenados, capitel de la iglesia de Notre-Dame-du-Port, Clermont-Ferrand.
92 *San Francisco recibe los estigmas sobre el monte de la Verna*, fresco de Giotto. Basílica de San Francisco, iglesia superior, Asís.
93 Manuscrito de la Inquisición tolosana, s. XIII. Archivos municipales, Toulouse.
94-95 *La hoguera de Montségur*, grabado del s. XIX.
94b Herodes y Salomé, capitel del museo de los Agustinos, Toulouse.
96 El castillo de Monségur. Torre del homenaje. Fotografía procedente de la obra de M. Roquebert, *Les Citadelles du vertige*. Ed. Privat.

TESTIMONIOS Y DOCUMENTOS

97 Hereje entregado a las llamas. Archivos nacionales, París.
98 Ritual cátaro occitano de Dublín. Finales s. XIV. Biblioteca de Trinity College, Dublín. Ms 269. Predicación sobre la Iglesia de Dios. «Esta Iglesia no mata y no consiente ningún asesinato, porque Nuestro Señor Jesucristo dijo: si quieres entrar en la vida (eterna), no matarás» (Mt 19, 18).
101 San Pablo. Lámina de marfil procedente del trono de Grado, s. XI. Museo del castillo Sforzesco, Milán.
104 Sello de Raimundo VII de Tolosa, 1242. Archivos nacionales, París.
106 Ceremonia expiatoria que acompaña al Tratado de París. En presencia de Luis IX, el conde Raimundo VII recibe la absolución de manos del cardenal de Saint Ange, legado pontificio, miniatura de las *Coutumes de Toulouse*, 1296. Biblioteca Nacional de Francia, París.
108 y 109 Vista esquemática del castillo de Monségur. Dibujo procedente del libro de Z. Oldenburg, *Le Bûcher de Montségur*, Gallimard.
110-111 El *castrum*. Monségur.
114 *Torturas a los valdenses en 1241*, grabado del s. XVII. Biblioteca de las Artes decorativas, París.
116 Biblioteca del Centro nacional de Estudios Cátaros de Carcasona.
118-119 Mapa de parajes y castillos cátaros, ilustración de J.-C. Pertuizé.
123 *Penitencia de Raimundo VI*, grabado de F. Thorigny, Roger-Viollet.
125 Persecución de los valdenses en el Piamonte, negativo de Roger-Viollet.
126 Detalle de un capitel, Museo de los Agustinos, Toulouse, negativo de J.-L. Gasc.

ÍNDICE ALFABÉTICO

A

Ablis, Geoffroy d' 91.
Agenais 39, 43.
Agulher, Raimond 87.
Agustín, san 25.
Albi 37, *39*, *42*, 43, 52, *52*, 54, 56, 77, 81.
Albigeois 32-39, 43, 50.
Alexiada (Ana Comneno) *32*.
Alfonso el Sabio *50*.
Amaury, Arnaud *76*.
Antiguo Testamento 20, 22, 31, *36*, *37*.
Andorra *91*.
Angoulême 20.
Anticristo 14, 19, 24, 27.
Anticlericalismo 18, *39*, 50, *52*, 74, 93.
Antigüedad 12.
Apocalipsis *11*, 14, *15*, 19, *22*, 24, *24*, *25*, *27*.

Apóstoles de Renania 34, 35.
Apóstoles de Satán, 19, 34, 36, 37, 72, 93, 95.
Aquino, Tomás de 87.
Aragón, Pedro de *51, 78*.
Arrio 13, *13*.
Arrás 19, 41.
Asís, Francisco de 75.
Authié, Pierre 67, 90, 91, *91*, 92, 93.
— Guilhem 90.
Avignonet, atentado de 84, 85.
Ávila, Prisciliano de 13, 73.
Ax 91.

B

Barcelona, condado *39*.
Basilio, 32, *32*.
Bautismo 20, *21*, 75
— por imposición de manos *21*, 23, *31*, 35, 40, 64, 66.
Béarn *48*.
Beato *22*, 24.
Beaucaire 79.
Bélibaste, Guilhem 92, 93.
Benedictinos 14, *17*.
Béziers *39*, 43, 54, *76, 77, 77, 83*, 86.
Biblia cátara 55.
Bingen, Hildegarda de *34*.
Bizancio 31, *31*.
Bizantino, imperio 30.
Bogomil, pope 31.
Bogomilos, *29*, 30-32, *30, 31*, 35, *36*, 37, 39, 40, *40*, 66.
Bonn 40.
Borgoña 32, 41.
Bosnia *29*, 93.
Bram *46*.
Breviaire d'amour (Mafre Emergaud) 52.
Brujos, brujería *18*, 19, 20, 30, 37.

Buenas Mujeres, véase Buenos Cristianos.
Buenos Cristianos *51*, 54, 55, 56, *56, 57*, 58, *58*, 64, 65, 66, 67, 68, 69, 73, 77, 78, 87, *89*, 90, 91, *93*, 95.
Buenos Hombres, véase Buenos Cristianos.
Búlgaro, reino *29*, 30, 31, 93.
Burdeos 52.

C

Cabardès *51, 83*.
Cabaret *51*.
Cahors 43.
Caída de los ángeles 22, 61, *61*.
Cambrai, Gérard de 19.
Capetos *49*, 78, 79.
Carcasona, Carcassès *39, 39*, 40, *42*, 43, *51*, 56, *56*, 69, 74, 77, *77*, 78, 79, *80, 81*, 86, 91.
Carlomagno 13.
Carolingio, imperio 13, 14, 16, *26*.
Casas religiosas 49, *51, 51*, 56, *56*, 58, 75.
Cassès 77.
Castelnau, Pierre de 74, 76, *83*.
Castidad 19, 20, 56.
Castilla *50*.
Castilla, Blanca de 78.
Castres, Guilhabert de 59, 75.
Castres, Isarn de 75.
castrum, véase pueblo.
Cataluña *50*.
Cellerier, Sicard 39, 43, 52.
Cerulario, Miguel *30*.
Chabannes, Adémar de 20.
Châlons *19*, 41.
Champaña 32, *34*, 41, 94.
Charité-sur-Loire, La 73.

Cisma de 1054 *30*.
Cister, cisterciense *17*, 27, 33, 38, *38*, 39, *45*, 52, 56, 68, 73, 76.
Clairvaux (Claraval) 38, 73.
Claraval, Bernardo de 33, 34, 37, 38, *38*, 40, 50.
Clero cátaro 54-59.
Cluny 14, 18, *18*, 23, 24.
Colonia 33, 34.
Combate entre el arcángel y el dragón del mal 61.
Comneno, Alejo 32.
Comneno, Ana *32*.
Concilios:
— de Constantinopla 12.
— de Letrán *41*, 75, *78*.
— de Nicea 12, *12*.
— de Reims 73.
Consolament 22, 66, 67.
Constantino *12*.
Constantinopla *30*, 31, 32.
— patriarca de 30, *30*.
Cordes 49.
Cosmas, 30, 31.
Coste, Raimond de la 87.
Cortés, cultura 51.
Cristo, naturaleza. Humanidad de 23, 35, 64.
Cruz, culto 14, 19, 20, 31, *65*, 68, *69*.
Cruzada 27, *27, 39, 45*, 57.
— contra los albigenses *71*, 76-80, *76, 77, 78, 83*, 86.
— de los barones 77.
— real 78, 79.

D

Decretal de Verona *72*, 73.
Délicieux, Bernard *80*.

Derecho de primogenitura *48*, 49.
Diablo *11, 18*, 19, 24, *25*, 27, 61.
Diáconos *42*, 58, 75, 79, 87.
Documentos cátaros 94.
Domingo, santo *38, 71*, 74, *74*, 75.
— milagro del libro de 74.
Dominicos 74, *75, 80*, 81, 84, *86*, 87, 94.
Douai 75.
Duby, Georges 24.

E

Epernon, Robert d' 39, 43.
Epístola de Juan 35.
Erbert 20.
España 27.
Estatuas, culto 17, 18, 19, 23, *23, 68*.
Estrasburgo *35*, 73.
Eucaristía 20, 21, 35, 75.
Evangelio 22, 35, *36*, 58.
Éxodo de los hebreos de Egipto 61.

F

Fanjeaux 74, 75.
Faydits 79, 80, 84, 85.
Febo, Gastón *48*.
Federico, emperador *72*, 87.
Felipe Augusto 76, *76, 78*.
Feudalismo, 16, 46, 48, *48*, 50.
Fine amour 50, 51.
Flandes 32, *34*, 41.
Foix, condes, condado de 43, *48*, 54, 56, *56*, 91, *91*.
Fontfroide, Raoul de 74.
Fournier, Jacques 67, 87, 93.

ÍNDICE ALFABÉTICO 125

Franco, imperio 13.
Franciscanos 75, *80*, 81, 84, *92*, 93.
Fundaguiaguitas *30*, 31.

G

Garsende, dama 52.
Gascuña 46, 90.
Gaucelm 75.
Génesis 61.
Gibelinos 87.
Glaber, Raoul 15, *19*, 20.
Gottschalk 13.
Graciano, *Decretum* de *13*.
Grecia, 35.
Gregorio VII 26, *26*.
Gregorio IX *72*.
Güelfos 87.
Guerra santa, véase Cruzada.
Gui, Bernard 91.

H

Hautpoul *51*.
Herejía 12.
Hermanos predicadores *38*, 74, 75.
Hijo mayor 58, 75.
— menor 58.
Historia y doctrina de la secta de los cátaros, 37.
Hogueras, 14, 20, 30, 32, 33, 34, 42, 43, *57*, 73, *73*, *76*, 77, 79, *83*, *84*, 87, 89.
— de Monségur 86, 87, 94, *95*.
— del mont Aimé 94.

I

Iglesia de los Apóstoles 33.
Iglesia ortodoxa 30.
Imágenes, culto a las 31.
Imposición de manos 92.
Incastellamento 46.

Infieles 27, 76.
Infierno *15*, *66*, 67.
Inglaterra 84.
Inocencio III *41*, 75, *75*, 76.
Inquisición 27, *43*, *57*, 58, 67, 69, 71, 72, 80, *80*, 81, *81*, 84, *84*, 85, *85*, 86, 87, *87*, 89, 91, *91*, 93, 94, 95.
Invasiones 15.
Italia 32, 42, 46, *50*, *54*, 56, 87, 91, 93.

J

Jerarquía episcopal cátara 51, 58.
Judíos 68.

L

Languedoc 32, 47, 49, 73, 74, 77, 78, 79, 81, 86, 87.
Laurac 75.
Lauragais 39, *42*, 69, 84, 90.
Lavaur 77.
León IX *30*.
Lévis, Gui de *84*.
Ley sálica *49*.
Libre albedrío *61*, 63.

Libro de los dos principios (Juan de Lugio) *54*, 69.
Lieja 32.
Lille 73.
Limoux 43.
Lombardía 42.
Lombers 39, 52.
Lorris 84.
Lucifer 25, 31, *31*, 61.
Lucio III *72*.
Lugio, Juan de *54*.
Luis VIII 78.
Luis IX 78, 84, 86.

M

Maguncia 40.
Mahometanos 72.
Manes, Mani o Maniqueo 13, *13*, 27.
Maniqueísmo, maniqueo 14, 19, *19*, 23, 24, *25*, *27*, 27, 35, 37.
Marc, obispo 41.
Marche, condado de la 84.
Marción 13.
Marcy, Henry de 73.
Marmande 77.
Marty, Bertrand 87.

Mas-Saintes-Puelles 49, 52.
Melhorier 58.
Minerve 77.
Miraval, Raymond de *51*.
Mirepoix *84*.
Molesmes, Robert de 27, *38*.
Monforte *19*.
Montaillou 91.
Montfort, Amaury de 78.
— Simón de *51*, 77, 78, *78*, 79, 83, *84*.
Montgey 77.
Montpellier 52.
Montréal 74.
Montsaunès *43*.
Monségur *45*, 81, 84-86, *84*, *85*, 87, 94, *95*.
Mujeres 51, 52.
Muret, batalla de *51*, 77, *78*.
Murs *89*.

N

Narbona 43.
Nevers 41.
Nevers, Guillaume de 73, 74.
Nicetas, obispo de Constantinopla 39, 40, *40*, *41*, 43.
Notice sur les chanoines d'Orléans 20.
Nuevo Testamento 17, *21*, 31, *33*, *36*, *55*, 61, 65.

O

Olmes *84*.
Oración cátara *61*.
Ordenación episcopal 40.
Órdenes mendicantes 81, 87.
Orígenes *25*.
Orleans 14, 20.

P

Paz de Dios 16, 18.
Pamiers 74, *87*.

Parábola del administrador infiel *31*.
Parábola del árbol bueno y el árbol malo 36, *61*.
Paraíso 25.
Paratge 79.
Pasión de Cristo *65*.
Patrinos 32.
Pecado original *69*.
Pentecostés *65*, 66.
Périgord 20.
Persecuciones 30, *34*, 67, 69, *72*.
Persona humana de Cristo 20-21.
Peyrat, Napoléon *95*.
Piphle 32.
Pirineos 90.
Poitiers, Alfonso de 78, 86.
Predestinación 13.
Provenza *50*.
Publicanos 32.
Pueblo medieval occitano *42*, 46, *46*, 47, *47*, 49, 50, 55, 56, 75, *84*, 85.

Q
Quercy 90.

R
Raimundo V, conde de Tolosa 52, 54, 73.
Raimundo VI, conde de Tolosa *51*, 54, 73, 77, 78, *78*, *79*, 84, 85, 86.
Raimundo VII, conde de Tolosa *54*, *79*, 85.
Razès 85, 87.
Reforma gregoriana 26-27, *27*, 32.
Reforma protestante 93.
Reims 41, 73.
Reliquias, culto 17, 18, 19, 31.
Renania, 34, *34*, 37, 40, 41.
Represión *34*, 72.
Rituales cátaros *54*, 55.
Roberto el Piadoso 14.
Romano, imperio 12.
Roquebert, Michel 52.
Roturación 16, *17*.

S
Sacramentos 19, 31, 66.
Saint-Félix del Lauragais, asamblea 39, 40, *40*, *41*, 43.

Saint-Gilles 79.
Saint-Sernin 73.
Sainte-Foy de Conques *17*.
Saintes 84.
Saissac *51*.
Saissac, Bertrand de 52.
Salvación 17, 23, 59, 61, 64, *65*, 66.
San Miguel y el dragón *22*, 24, *24*, 25, *45*.
Sarajevo 29.
Sarracenos *27*, 68.
Schmidt, Charles 37.
Schönau, Eckbert de *34*, 37, 40, 41.
Señorío occitano 49, *49*, 69.
Servian 74.
Sociedad feudal occitana 46-49.
Soissonnais 41.
Steinfeld, Evervin de 33, 34, 35, 37, 40, 67, 93.

T
Taillebourg 84.
Tejedores (*tisserands*) 32, 52.
Termes 77.
Teología trinitaria 30.
Teoría de las dos espadas *13*.
Tolosa, Azalaïs de *39*, 54, 73.
Tolosa, condado 14, 37, 38, 39, 40, 43, 50, 54, 56, *69*, 73, 75, 76, 78, *79*, *81*, 84, 85, 86, 87, 91, 92.
Tratado de Meaux 78.
Transustanciación 20, *23*.
Trencavel, vizconde de 39, *39*, 43, *48*, 50, 52, *52*, 54, 73, 77, *77*, 78, 79.
Trovadores 50, *50*, 51, *52*.

V-Y
Vaudès *75*.
Vaudois 75, *75*.
Vegetarianismo 20.
Verfeil 37, 52.
Vertus 41.
Vézelay 41, 73.
Villerouge-Termenès 92.
Virgen María *65*.
Yahvé 61.

CRÉDITOS FOTOGRÁFICOS

Abreviaturas: a = arriba; b = abajo; c = centro; d = derecha; i = izquierda

Archivos Gallimard 9, 30, 108-109. Artephot 31b, 36. Artephot/Babey 38. Artephot/Oronoz 26-27, 86-87. Biblioteca Nacional de Francia, París 2-3, 4-5, 10, 18b, 19, 34, 36-37b, 48, 50a, 51a, 56-57, 68ad, 76a, 78a, 80-81b, 89. Bulloz 22, 88, 90-91. Charles Camberoque 62-63. Jean Loup Charmet 78b, 82-83, 82bi, 83bi, 97, 114. G. Dagli Orti 11, 12a, 14, 16, 17d, 20-21, 23a, 24, 25, 24-25, 27b, 31a, 32a, 32-33, 46a, 50-51b, 53, 65, 66i, 70, 71, 72i, 74-75, 75a, 85, 90, 92. Jean Dieuzaide 39, 54a, 55b, 57a, 64, 66d, 67, 68i, 83d, 88. Edimedia 33a, 106. Explorer/ Fiore 28. Explorer/P. Thomas 93, 94-95. Jean-Louis Gac 40-41, 76-77, 84, 91, 110-111, 116. Giraudon cubierta, 12b, 13, 15, 16-17, 20, 26b, 35, 37a, 45, 46-47, 49a, 52, 58, 59, 60, 72b, 80, 101. Guy Jungblut 43-44, 69. J.-C. Pertuizé/© Pyrénées Magazine 118-119. Rapho/Ch. Sappa 29. Rapho/G. Sioën 44, 46b, 49b, 57c, 62a, 86a. Reunión de museos nacionales 61, 74a. Roger-Viollet 79, 123, 125. Christian Soula 62c, 63a, 63i, 96. Henri Stierlin 1, 6-7, 22. Trinity College, Dublín 98. Jean Vigne 54b, 73, 104.

AGRADECIMIENTOS

La autora manifiesta su agradecimiento a Paule, Claire e Isabelle. El editor da las gracias a Nicolas Gouzy y al Centro nacional de estudios cátaros René-Nelli, Carcasona.

Índice de materias

I LA CRISTIANDAD DEL AÑO MIL

12 Padres de la Iglesia contra herejes
14 El final de un imperio y la renovación religiosa
16 La paz de Dios
18 Los monjes separados del pueblo de fieles
20 Los sacramentos cuestionados
22 Racionalidad de la herejía
24 En un siglo maniqueo
26 La figura del infiel

II LAS IGLESIAS CÁTARAS EUROPEAS

32 La proliferación de la protesta
34 Vicios y virtudes
36 Dos mundos y dos iglesias
38 Los anatemas del Cister
42 Un cristianismo occitano

III BUENOS TIEMPOS PARA LA HEREJÍA

46 Pueblos-castillo
48 Sociabilidad occitana
50 En la corte del «fine amour»
52 El apoyo de la aristocracia
54 Una manera distinguida de conseguir la salvación
56 Buenos hombres y Buenas mujeres
58 Una orden religiosa del siglo
60 La caída de los ángeles y la inocencia de las almas
62 Fortalezas reales
64 Herederos de los apóstoles
66 «Y cada alma amará a todas las almas»
68 Una teología igualitaria

IV LA ALIANZA DEL PAPA Y DEL REY DE FRANCIA

72 La creación de la Inquisición
74 Un Papa de combate
76 Una cruzada en tierra cristiana
78 La victoria de los Capetos
80 La Inquisición, una burocracia eficaz
82 «¡Matadlos a todos!»
84 La guerra del conde
86 Después de Monségur

V LA ELIMINACIÓN DEL CATARISMO

90 Los grandes inquisidores
92 Los sufrimientos de Cristo
94 Las lecciones de la historia

TESTIMONIOS Y DOCUMENTOS

98 Escritos cátaros
104 Hacia la Inquisición
108 1244 - Monségur
114 Valdenses, espirituales y apostólicos
118 Anexos